나라말이 사라진 날

일러두기

1. 문장 부호는 다음과 같이 통일했다. 단행본·정기간행물 등 『』, 소설·시 등의 작품명·문서명·논문·소제목 등「」, 신문《》, 기사〈〉. 단, 인용문과 출처에 사용된 문장 부호는 본문과 통일하지 않고 원문 그대로 두었다.

2. 저자가 인용문 혹은 본문의 글을 줄인 경우 …로 표기했다. 단 인용문 자체에 들어간 말줄임표는 (…)로 표기해 구분했다.

3. 중국, 일본 등의 인명·지명은 원지음대로 적고, 필요한 경우 한자를 함께 표기했다. 단체명이나 사건명은 한자 그대로 사용한 경우도 있다.

4. 지명 '서울'은 일제강점기에 '경성'이었으므로, 맥락에 따라 '서울' 혹은 '경성'으로 표기했다.

5. '조선어학회'는 여러 차례 이름을 바꾸었다. 필요한 때는 당시 쓰던 이름 전체를 표기했지만, 반복되는 경우에는 '연구회' '학회' 등으로 했으며, 기타 단체명도 같은 방식으로 표기했다.

나라말이 사라진 날

우리말글을 지키기 위한
조선어학회의 말모이 투쟁사

정재환 지음

생각
정원

그런 시대가 있었다

오늘 국어를 썼다가 선생님한테 단단히 꾸지람을 들었다.

'국어를 썼다가 혼났다고? 아니, 어떤 선생이 국어를 썼는데 야단을 친 거지?' 국어를 사용한 여학생을 혼낸 불순·반역분자를 잡아들여야겠다고 마음먹은 조선인 경찰관 야스다安田稔(본명 안정묵)는 일기장을 움켜쥔 채 고등계 주임 나카지마中島種藏에게 달려갔다.

"어떤 돌대가리가 국어를 썼다고 학생을 혼냈답니다. 불순분자가 틀림 없으니, 당장 검거해야 합니다."

야스다가 핏대를 세우며 꽥꽥 소리를 지른 탓에 긴급하게 고등계 회의가 소집되었다. '국어 사용 건'에 대한 논의가 오갔고, 곧 관련 학생들을 조사하기 시작했다.

1942년 10월 1일 발생한 '조선어학회사건'은, 이렇듯 여학생의 일기장에 적힌 문장 한 줄에서 비롯되었다. 당시 '국어'는 일본어였다. 마땅히 써야 할 일본어를 썼는데 야단을 친다는 것은 있을 수 없는 일이었고, 수사는 정해진 수순이었다. 그런데 취조 과정에서 일기에 적힌 '국어'가 '일본어'가 아니라 '조선어'라는 사실이 드러났다. 여학생은 금지된 조선어를 썼다가 호된 꾸지람을 들었던 것이다.

언어가 금지된다는 것은 어떤 것일까? 지금껏 편히 써온 언어를 사용할 수 없다? 오늘부터 한국어는 사용할 수 없다는 지시나 명령이 내려온다면, 어떤 기분 혹은 어떤 심정이 들까? 한국어를 쓰지 못하고 영어나 중국어, 일본어를 쓰라고 하면 어찌해야 할까? 한국인의 모어는 한국어이고, 고유 문자는 한글이다. 주권국가 대한민국에서 영어 공용화라는 공상적 주장이 나온 적이 있지만, 한국어 금지는 상상도 할 수 없는 일이다. 그런데 그런 시대가 있었다.

일제는 조선 땅을 정치·경제적으로 지배했을 뿐 아니라 강력한 동화정책을 시행했다. 조선인으로 하여금 일본어로 말하게 하고, 일본 정신을 갖게 만들려고 했다. 천황을 위해서 목숨까지 바치는 천황의 신민, 조선인을 천황의 신민으로 만드는 것이 그들의 목표였다. 조선의 정체성은 소멸되어야 할 대상이었고, 조선어와 조선 글자는 반드시 사라져야 할 조선 역사와 문화의 정수였다.

조선이란 존재 자체가 위협받던 일제강점기에 '조선어학회'는 우리말글 연구와 조선어사전 만들기에 전념했다. 금지된 것, 없애려는 것을 살리고 지키려는 행위는 저항이자 투쟁이었고, 일본의 국시 위반 행위였다. 조선총독부의 사찰과 회유, 압박과 통제가 이어졌지만, 학회의 활동은 흔들림 없이 지속되었다. 학회는 1929년 사전 편찬을 시작해 1940년까지 '민족어 3대 규범'을 제정하며 조선 어문의 근대화를 이룩했다. 하지만 앞서 언급한 조선어학회사건으로 사전은 완성할 수 없었다.

조선어학회사건은 교과서에도 나오는 중요한 사건이지만, 사건의 전모는 역사나 언어에 관심 있는 소수만이 알고 있는 형편이다. 101년 전 일어난 3·1운동이 21세기를 사는 우리에게도 중요한 역사이고 여전히 우리 삶에 커다란 의미를 지니는 일이라면, 조선어학회사건 또한 기억되어야 한다. 언어는 사람의 생각과 행동을 이루는 기초이자 토대다. 사람의 뿌리다. 그 뿌리가 짓밟혔던 치욕스러운 과거, 그리고 그 뿌리를 되살리고자 끈질기게 버티고 싸웠던 사람들의 이야기를 모르고서야, 어찌 뿌리에 기대 열매를 맺고 꽃을 피우는 일이 가능할까.

독립운동 하면 만세시위나 임시정부 등을 떠올리지만, 민족어를 지키고자 했던 노력 또한 독립운동이었다. 아무쪼록 이 책을 통해 많은 사람들이 조선어학회사건에 대해 더욱 깊은 관심을 갖게 되길 바란다. 조선어학회사건을 되짚는 일은 또 다른 형태의 독립운동과 마주하는 경험이자, 우리말글이 만들어지고 성장해온 과정을 목격하는 소중한 기회가 될 것이다.

나라말이 사라졌던 시대, 우리의 국어를 금지당했던, 그리하여 조선어학회사건이 벌어진 일제강점기는 어떤 시대였을까? 조선어가 금지되기 전까지 우리말글은 어떤 모습이었을까? 1446년 훈민정음이 반포되었지만, 조선왕조 502년 동안 한자와 한문을 중시했다. 한문은 중국어를 의미한다. 그렇다면 조선시대 지식인들이 국어가 아닌 중국어를 했다는 말인가? 그렇기도 하고 아니기도 하다면, 당시 언어생활은 과연 어떠했을까?

　대한민국의 고유문자는 한글이다. '언문' '정음' '암글' '반절' '가갸글'이라고도 했는데, 언제부터 한글이라고 했을까? 일제강점기에 '한글'이라는 이름이 등장한 것은 어떻게 된 사정일까? 불과 20~30년 전만 해도 대부분의 신문이 국한문혼용으로 발행되었는데, 그 많던 한자들은 어디로 모습을 감추었을까? 한말과 일제강점기, 그리고 해방을 거치면서 도대체 우리말글에 무슨 일이 있었던 걸까?

차 례

3장 일제의 조선어학회 죽이기

4장 해방 이후, 한글의 시대를 열다

1장

나라말이 사라졌다

우리가 독닙신문을 오늘 처음으로 출판
하는디 조선속에 잇는 뇌외국 인민의게
우리 쥬의를 미리 말슴하여 아시게 하노
라

우리는 첫지 편벽 되지 아니한고로 무슴
당에도 상관이 업고 샹하귀쳔을 달니디
졉아니하고 모도조션 사람으로만 알고 죠
션만 위하며 공평이 인민의게 말할터인디
우리가 셔울 빅셩만 위할게 아니라 죠션
젼국인민을 위하여 무숨일이든지 디언하
여 주랴홈 정부에셔 하시는일을 빅셩의게
젼홀터이요 빅셩의 졍셰을 정부에 젼홀
터이니 만일 빅셩이 졍부일을 자셰이알
고 졍부에셔 빅셩의 일을 자셰이 아시면
피차에 유익호 일만히 잇슬터이요 불평
한 무음과 의심하는 성각이 업서질 터이
옴 우리가 이신문 출판 하기는 취리하랴
는게 아닌고로 갑슬 헐허도록 하엿고 모
도 언문으로 쓰기는 남녀 샹하귀쳔이 모
도 보게홈이요 또 귀졀을 떼여 쓰기는 알
어 보기 쉽도록 홈이라 우리는 바른 디로
만 신문을 할터인고로 졍부 관원이라도
잘못하는이 잇스면 우리가 말할터이요 탐
관오리 들을 알면 셰샹에 그사람의 힝젹
을 페일터이요 소소빅셩이라도 무법훈일
하는 사람은 우리가 차져 신문에 셜명
홀터이옴 우리는 죠션
대군쥬폐하와 됴션졍부와 죠션인민을 위
하는 사람드린고로 편당잇는 의논이든지

'혼용'이냐 '전용'이냐, 문자 전쟁의 시작

 1866년 병인양요, 1871년 신미양요, 두 차례의 양요에서 조선은 큰 피해를 입었지만, 결과적으로 서양 군대를 물리쳤다는 자신감으로 쇄국정책을 강화했다. 전국 곳곳에 척화비를 세워 '서양 오랑캐가 침입하는 데 싸우지 않으면 화친하자는 것이니, 화친을 주장함은 나라를 파는 것洋夷侵犯 非戰則和 主和賣國'이라는 경고문을 내걸며 백성들로 하여금 양이를 배척하도록 했다.

 그러나 1876년, 조선은 굳게 닫았던 문을 일본의 강요에 의해 열게 된다. 일본은 1853년 자국을 개국시킨 미국 페리흑선의 함포외교를 그대로 흉내 내어 조선의 문을 열어젖혔다. 조선은 오랫동안 하국으로 인식해오던 섬나라 오랑캐의 협박에 굴복했고, 만국공법이 무엇인지조차 모르는 상황에서 근대적 국제 질서와 자본주의 체제로 편입되었다.

'글'은, '말'을 적으면 그만이다

주시경이 태어난 것은 1876년 11월 7일(음력). 서세동점과 일본의 조선 도발이 본격화한 격변의 시대였다. 아버지 주학원과 어머니 연안 이씨의 둘째 아들로 태어난 주시경은 황해도 봉산군 무릉골의 가난한 농가에서 어린 시절을 보냈다. 그는 1888년 열세 살에 큰아버지 주학만의 양자가 되어 서울로 이주했다. 만일 이 일이 없었다면 주시경은 평범한 농사꾼이나 시골 선비로 평생을 살았을지도 모른다.

큰아버지는 남대문시장에서 해륙물산 객주업을 하면서 비교적 부유한 생활을 하고 있었고, 덕분에 주시경은 상인과 중인들이 공부하는 서당에 다니게 되었다. 그러나 그는 좀더 훌륭한 선생님 밑에서 배우고 싶었다. 마침 인근에 이희종이란 진사가 양반 자제들을 가르치는 글방이 있었다. 주시경은 그 글방에서 흘러나오는 글 읽는 소리에 귀를 쫑긋 세운 채 주변을 기웃거리기를 수십 일 동안 반복했다. 주시경의 행동을 이상하게 여긴 이희종이 연유를 묻자, 그는 머뭇거리지 않고 대답했다.

"저는 중바닥 서당에 다니는 주시경이라 하는데요, 선생님같이 훌륭한 분에게 배우고 싶습니다."

맹랑한 답변에 호기심이 생긴 이희종은 나이와 집안 등 이것저것을 물어보았다. 그리고 아이의 범상치 않은 총명함을 간파하고서는, 주시경이 자신의 글방에 기거하면서 공부하도록 허락했다. 하지만 장안 명문대가의 자제들이 다니는 곳이었기에, 주시경에게 '혹시라도 누가 신분을 묻거든 자신의 친구 평산 주아무개의 아들이라 대답하라'고 신신당부했다. 이희종의 당부는 엄연한 신분 차별의 모순을 안고 있는 것이었지만, 주시경은 크게 개의치 않고 공부에만 열중했다.

그러던 어느 날 주시경에게 운명의 순간이 찾아왔다. 서당 공부는 유교 경전, 즉 한문을 읽고 해석하는 것이었다. 먼저 한문 한 줄을 읽고 나서 우리말로 풀이했는데, 우리말 설명을 들어야 비로소 글자와 문장의 뜻을 파악할 수 있었다. 그런데도 날마다 한자와 한자어와 한문을 반복해서 익히는 일을 되풀이해야 했다. 다른 학동은 아무도 이런 식의 학습에 의문을 품지 않았으나, 주시경에게는 머릿속을 스치는 섬광 같은 생각이 있었다.

'글은, 말을 적으면 그만이다. 말을 적는 글자가 한자처럼 어렵고 거북해서야 어느 겨를에 학문을 터득할 수 있겠는가? 만일 언문으로 우리말을 적는다면, 들이는 노력은 적고 얻는 것은 클 것이다.'

서당에서 가르치는 것은 유학이었다. 유학은 고유문자가 없던 고대에 한자와 함께 우리 땅에 들어와 뿌리내렸다. 유학의 생각과 사상은 모두 공맹에게서 나왔으며 '공자 왈 맹자 왈'은 교육의 지표였다. 송나라 때 성립된 주자 성리학은 원나라를 거쳐 고려에 들어왔다. 조선은 성리학의 이념으로 건국된 나라였고, 성현의 가르침을 배우는 것이 지식인의 삶이었다. 그러나 평범한 사람은 세상이 가르치고자 하는 것을 배우지만, 비범한 사람은 자신이 배우고자 하는 것을 찾아 익히는 법이다. 한문 학습이 무의미하다고 판단한 주시경은 열아홉 살에 배재학당에 들어갔고, 세계지리, 세계의 정치제도, 산수, 물리, 영어 등의 신학문을 배우면서 국문 연구에 뛰어들었다.[1]

전통 학문과 신학문을 두루 섭렵한 범상치 않은 청년 주시경의 도전은 훗날 조선어학회의 바탕이자 근간이 된다. 우리말에 대한 그의 열정과 탐구가 어떻게 조선어학회로 이어졌는지, 그 구체적인 사연은 뒤에서 알아보기로 하고, 먼저 이처럼 한자와 한문이 주도했던 시대에 언문이 어떻게 자기 자리를 찾아갔는지부터 살펴보자.

지식인들의 이중 언어생활

주시경의 깨달음은 분명 남다른 것이었지만, 19세기 중반 이후 조선에는 이미 변화의 물결이 일렁이고 있었다.

훈민정음이 창제된 것은 1443년 12월이었다. 그때까지 조선인들이 써온 문자는 중국의 한자였다. 말을 할 때는 조선어를 사용해도 글을 쓸 때는 한자로 썼다. 조선어를 단지 한자로 쓰는 것이 아니라 한문, 즉 중국어를 썼다. '나는 너를 사랑해'라는 우리말을 글로 적으려면 한자로, '我愛你＝我

(나) 愛(사랑해) 你(너)'라고 써야 했다.

말과 글의 불일치는 불편하고 답답한 것이었다. 한자 학습은 어릴 때 일찍 시작해야 했고, 오랜 시간을 투자해야 그나마 어느 정도 한문을 읽고 이해할 수 있었다. 하지만 한자를 안다고 해서 한문을 완전히 이해할 수 있는 것도 아니었다. 외국어를 공부하다 보면, 모르는 단어는 없는데 문장이 해석되지 않는 난감한 경험을 하게 된다. 한문도 마찬가지였다. 한문에 통달하려면 장기에 걸쳐 깊은 공부가 필요했고, 각고의 노력 끝에 한문을 자유자재로 읽고 쓸 수 있게 되었을 때 비로소 지식인 대접을 받았다. 한문을 척척 쓰는 사대부의 언어생활은 곧 언문 불일치의 삶이었다.

'이두'는 한자를 이용해 우리말을 적는 표기법이다. 한자를 우리말 어순으로 쓰거나 한문에 우리말의 특징인 토를 다는 방식으로 글을 썼다. 설총이 '이두를 집대성했다'는 이야기는, 요즘 식으로 말하면 중구난방인 이두 표기를 정비하기 위해 철자법을 제정한 것이다. '구결'은 한문을 읽기 쉽게 읽는 순서를 알려주는 표시를 하고, 우리말 토를 달아놓은 것이다. 이렇듯 한자 사용과 한문 읽기의 어려움, 말과 글의 불일치로 인한 문제 등을 해결하기 위해 수많은 사람들이 천 년 넘게 고투했지만, 뾰족한 해법을 찾을 수 없었다. 문제를 근본적으로 해결하기 위해서는 조선어에 맞는, 조선어를 알맞게 표기할 수 있는 문자가 필요했다. 그런데 놀랍게도 세종이 바로 그런 문자, 즉 훈민정음을 창제했다.

하고 싶은 말이 있어도 하지 못하는 백성을 위해 새 글자를 창제하여, 신분 고하를 떠나 지식과 정보, 학문을 공유하도록 한 데서 세종의 민본 정신을 읽을 수 있다. 견고한 신분제를 단숨에 흔들 수는 없었지만, 백성이 주인이 되는 세상을 향해 나아가기 위한 첫걸음을 내디딘 혁명적 사건이었다. 훈민정음은 근대화 이후 핵심적인 가치로 자리 잡은 민주·주권·평등의 정신을 두루 품고 태어난 꿈의 문자이자 혁명의 문자였다.

만일 새 문자의 창제자가 임금이 아니었다면 쉽게 보급되고 실용화될 수 있었을까? 반포 이후에도 오랫동안 사대부로부터 언문으로 천시되었다는 것이 일반 상식이지만, 그럼에도 차츰 퍼져 나갈 수 있었던 것은 훈민정음의 우수성 덕분이었고, 또한 자신의 발명품을 널리 알리고자 한 세종의 강력한 의지가 있었기 때문이다. 세종은 『불경』 『유경』 등 한문 서책들을 훈민정음으로 펴내는 언해 사업을 활발히 진행했을 뿐만 아니라, 과거시험에도 훈민정음을 추가했다. 세종 때는 이과에 제한적으로 시행하면서 뜻은 통하지 못하더라도 자모를 합해 글자를 쓸 수 있으면 뽑으라 했고,[2] 세조 때는 이를 문과에도 적용했다.[3] 입사를 희망하는 과거 응시자들이 훈민정음을 외면할 수는 없었다.

일부 지식인들도 훈민정음의 가치에 주목했다. 퇴계 이황은 「도산십이곡」을 훈민정음으로 창작하고, 정철은 한글 가사 「관동별곡」 「성산별곡」 「사미인곡」 「속미인곡」 등을 짓고, 허균은 최초의 한글 소설 「홍길동전」을 썼다. 「구운몽」과 「사씨남정기」의 저자 김만중은 『서포만필』에서 '한문은 타국의 언어'라 단언했다. 그는 '언문으로 써야 우리 노래를 곧이곧대로 옮

길 수 있고, 우리 노래의 참맛을 살려낼 수 있다'면서 송강이 언문으로 쓴
글을 극찬했다.

지금 우리나라의 시문은 자기 말을 버려두고 다른 나라 말을 배워
서 표현한 것이니, 설사 아주 비슷하다 하더라도 이는 단지 앵무새가
사람의 말을 하는 것이다. 여염집 골목길에서 나무꾼이나 물 긷는 아
낙네들이 에야디야 하며 서로 주고받는 노래가 비록 저속하다 하여
도 그 진가를 따진다면, 학사學士 대부大夫들의 이른바 시부詩賦라고
하는 것과 같은 입장에서 논할 수는 없다...
자고로 우리나라의 참된 문장은 다만 이 세 편뿐이다 그러나 더 나
아가 세 편에 대해 논한다면, 「후미인곡」이 더욱 뛰어나다. 「관동별곡」
과 「전미인곡」은 오히려 한문 어구를 빌려서 그 빛을 꾸미었기 때문이
다.[4]

시간이 흐를수록 언문은 영향력을 넓혀갔다. 오늘날 문맹률이 2퍼센트
정도에 그친다는 점과 비교하면 언문을 읽을 수 있는 사람이 매우 적었다
는 한계는 있지만, 18세기 중엽 언문 소설을 빌려주는 세책점이 등장하고
목판으로 찍은 방각본이 유행할 정도로 언문 소설의 독자층이 형성되었
다.[5] 지식인들은 글을 쓸 때는 한문으로 썼지만, 추사 김정희처럼 가족과
아내에게 편지를 쓸 때는 언문으로 쓰기도 했다. 언문으로 입말을 그대로

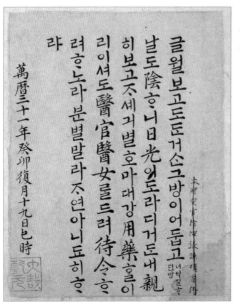

옮겨 적을 수 있었기 때문이다. 널리 알려진 대로 왕실 여성들은 언문으로 편지를 주고받았고, 정조나 선조 등도 언문 편지를 남겼다.[6]

　물론 그렇다고 해서 말과 글이 다른 지식인들의 '이중 언어생활'이 끝난 것은 아니었다. 한문 사용은 근대까지도 지속되었다. '하루라도 책을 읽지 않으면 입안에 가시가 돋친다一日不讀書 口中生荊棘'라는 안중근 의사의 글이나 '대장부가 집을 떠나면 뜻을 이루기 전에는 살아서 돌아오지 않는다丈夫出家生不還'라는 윤봉길 의사의 절창도 한문으로 쓰였다.

언문, 근대화의 수단으로 주목받다

19세기 말 언문은 근대화 실현의 필요 수단으로 주목받기 시작했다. 1884년 12월 4일(양력) 개화당의 김옥균, 박영효 등은 우정국 낙성식 축하 연장에서 정변을 일으켰다. 개화에 반대하는 사대당의 주요 인사들을 제거한 다음, 신정부를 수립하고 정강을 발표했다. 비록 청군의 불법적인 궁궐 침입과 신정부에 대한 공격으로 인해 삼일천하로 막을 내렸지만, 정강 14조에는 문벌 폐지·인민 평등·지조법 개혁·탐관오리 처벌·의정소 설치 등 근대를 지향하는 내용이 담겨 있었다.

문벌을 폐지하고 인민 평등의 권리를 세우고자 한 것은, 봉건적 신분질서 청산과 근대적 인간 평등 사회를 추구한 것이었다. 조세 개혁은 수탈당하는 백성을 구하고 합리적인 경제 질서를 수립하고자 한 것이었다. 탐관오리의 치죄를 강조한 것은 공직 기강을 바로잡고 부정부패를 근절하고자 한 것이었으며, 의정소 설치는 입헌군주국으로의 점진적인 변화를 지향한 것이었다.

정강 14조에는 포함되지 않았지만, 임오군란(1882)을 수습하는 과정에서 청국 푸저우福州에 머물고 있던 김옥균은 「치도약칙治道略則」을 써, '순검이 관할하는 경계마다 게시판을 설치하여 규칙을 한문과 언문으로 작성하여 백성들이 볼 수 있게 한다면 과오를 범하지 않을 것이며, 조례를 첨삭하고 이것을 언문으로 번역하여 반포해서 백성이 이익과 손해를 알 수 있

도록 해야 한다'고 주장했다.[7]

부국강병을 이루기 위해 봉건제를 청산하고 근대적 개혁을 꿈꾸었던 개화파 영수의 청사진 속에 '백성의 권익을 보호하기 위해 언문을 사용해야 한다'는 내용이 포함된 사실은, 조선 사회가 근대로 진입하는 19세기 말이 한문 시대에서 국한문 시대 혹은 국문 시대로 넘어가는 '시대의 전환점'이었음을 의미한다.

홍영식, 박영교 등은 청군에 의해 살해당했지만, 가까스로 목숨을 건진 개화당의 김옥균, 박영효, 서광범, 서재필, 변수 등은 일본으로 망명했다. 정변의 불똥은 개화파의 지원으로 미국 보스턴의 더머 아카데미Dummer Academy에서 공부하고 있던 유길준에게도 튀었다. 정변 실패로 정권이 수구파인 민씨척족에게 돌아가고 유학 비용이 끊기자 그는 학업을 포기하고 귀국길에 오를 수밖에 없었다. 다만 그는 바로 고국으로 향하지 않고, 견문을 넓힐 심산으로 유럽, 동남아시아, 일본을 거쳐 1885년 12월 인천에 도착했다.

귀국 후 유길준은 김옥균, 박영효 등 갑신정변 주모자들과의 친분으로 인해 체포되었고, 포도대장 한규설의 집에 감금되었다가 가회동 취운정에서 1892년까지 7년간 연금 생활을 했다. 이 기간에 집필한 책이 바로 유학 생활과 유럽 탐방기 그리고 자신의 경세관을 담은 『서유견문』이다. 이 책은 국한문체로 쓰였지만 처음에는 순국문으로 쓸 생각이었다.

첫째, 말하고자 하는 뜻을 평이하게 전하는 것을 위주로 하였으니,

글자를 조금만 아는 자라도 쉽게 알 수 있도록 하기 위해서다... 셋째, 우리나라 칠서언해의 기사법을 대략 본받아서 상세하고도 분명한 기록이 되도록 하기 위해서다. 우리나라의 글자我文는 우리 선왕께서 창조하신 글자요, 한자는 중국과 함께 쓰는 글자이니, 나는 오히려 우리 글자만을 순수하게 쓰지 못한 것을 불만스럽게 생각한다. 외국 사람들과 국교를 맺었으니, 온 나라 사람들―상하·귀천·부인·어린이를 가릴 것 없이 저들의 형편을 알지 못해서는 안 될 것이다. 그러니 서투르고 껄끄러운 한자로 얼크러진 글을 지어서 실정을 전하는 데 어긋남이 있기보다는, 유창한 글과 친근한 말을 통하여 사실 그대로의 상황을 힘써 나타내는 것이 올바르다고 생각한다.[8]

유길준은 지식인이 아닌 대중을 독자로 생각했다. 대중이 깨어나야 나라가 개화된다고 여겼기 때문이다. 오히려 순국문으로 쓰지 못함을 유감스럽게 생각했다. 언문이라는 표현 대신 아문我文, 즉 우리 글자라 했다. 그러나 동류 지식인들의 생각은 달랐다. '그대가 참으로 고생하기는 했지만, 우리 글과 한자를 섞어 쓴 것이 문장가의 궤도를 벗어났으니, 안목이 있는 사람들에게 비방과 웃음을 면치 못할 것'이라며 유길준이 고육지책으로 국한문혼용체를 쓴 것을 비판했다.[9]

서세동점의 시대, 일본의 부상과 청나라의 추락이라는 천지개벽의 상황에서, 독립을 보전하고 근대화를 모색해야 했던 조선의 위정자들과 지식인들 사이에 문자를 둘러싼 논쟁이 촉발되었다. 국한문혼용이냐 국문전용이냐의 갈림길에 들어선 것이었고, 한글전용 시대인 오늘날까지도 지루하게 이어지는 한글 대 국한문이라는 문자 전쟁의 시작이었다.

450년 만에 이루어진 세종의 꿈

국문전용을 주장한 것은 비단 유길준, 서재필, 윤치호 등 미국 유학파만이 아니었다. 1897년 국어학자인 이봉운은 '국문을 연구하고 정리하는 것이 독립 권리와 자주 사무에 가장 긴요한 것'이라 했다. 민족어는 국가 독립의 정수이고, 국문의 연구, 즉 규범화는 독립을 유지하고 근대화를 지향하는 자주 사무의 필수 요소라는 주장이었다.

국문에 대한 근대적 인식은 지식인들 사이에 폭넓게 공유되었다. 이규대는 '글로도 남의 나라 글에 종이 되지 않게 하여 나라 위하는 정신을 잃지 말자'고 역설했으며, 보성전문학교 초대 교장 신해영은 「한문자와 국문자의 손익 여하」에서 문명의 선진이었던 아시아가 낙후된 것은, 한자만 숭상하고 자국 국문을 천시했기 때문이라며 국문 교육 강화와 보급을 강조했

『성경직해』. 주일과 첨례의 성경을 풀이한 주석서. (한국교회사연구소 제공)

다. 이승만은 700여 편의 국문 논설을 발표했고, 국문 천시의 풍조를 비판하면서 국문이 한국을 문명화할 수 있는 가장 좋은 도구라고 역설했다.[10]

국문전용 주장은 일부 지식인들의 공상론적·소모적 논쟁이 아니었다. 지상 논쟁은 식자들 사이에 전개되었으나, 보통 사람들의 세상에도 변화의 바람이 불고 있었다. 신분 차별을 비롯해 부와 권력으로부터 소외돼온 전체 민중을 아우르는 폭넓은 범주에서 변화가 시작되고 있었다. '하느님 앞에 만인은 평등하고 모두가 하느님의 자녀로서 형제자매'라는 기독교의 가르침은 반상과 남녀의 구별이라는 엄격한 신분제 사회에 균열을 일으켰고, 교회는 하느님의 말씀을 널리 퍼뜨리기 위해 각종 성경을 간행했다.

자식을 가르침은 부모의 엄한 본분이니, (…) 삼본문답三本問答(영세·고해·성체 문답교리서)과 조만과早晚課(아침·저녁기도)로 일찍 가르칠지어다. (…) 언문諺文이나 진서眞書(한문)를 가르치면 도리를 밝히기에 긴요할 것이요 영육靈肉(영혼과 육신)에 큰 이익을 받을 것이니

나라말이 사라진 날

이를 위하여 간절히 권하노라."

— 베르뇌 주교의 「사목서한」

파리 외방전교회 선교사였던 베르뇌 신부는 언문이나 한문을 배워 성경을 공부해야 한다고 당부하고 있지만, 현실적으로 한문을 읽을 줄 아는 신자는 극소수인 데다가, 한문 학습은 단기간에 이루어지는 것이 아니었다. 따라서 대부분의 성경이 언문으로 간행되었다. 신도들은 성경을 통해 하느님의 말씀을 공부하기도 했으나, 한편으로는 성경으로 언문을 습득하기도 했다. 성경이 선교의 문이었다면, 언문은 열쇠였던 셈이다.

지식인들의 전유물 : 민중의 글자

1860년 최제우가 창시한 동학은 '한울님을 모신다'는 '시천주侍天主' 사상에서 한 걸음 더 나아가 '사람이 곧 하늘人乃天'임을 표방했으니, 인간 평등과 존중의 관점에서 보면 기독교보다 한 수 위라 할 것이다. 민중 포교를 위한 동학의 핵심 경전은 한문으로 쓴 『동경대전』과 언문으로 쓴 『용담유사』였다. 『동경대전』은 지식층을 대상으로 한 책이었지만, 『용담유사』는 언문 가사체로 편찬하여 한문을 모르는 일반 대중도 구송이나 낭송으로 동학의 사상과 교리를 이해할 수 있게 했다. 또한 이 책은 동학의 기본 사상

이나 교리 외에도 민중의 정치적·사회적 각성을 요구하고, 개혁의 필요성을 역설하는 내용을 담았다.[12]

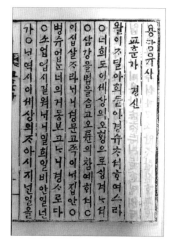

『용담유사』, 1860~1863년에 지었다.
(천도교중앙총부 제공)

동학은 언문으로 쓰인 『용담유사』를 통해 대중 깊숙이 파고들어, 단기간에 많은 신도를 확보하며 교세를 확장할 수 있었다. 동학농민군의 「사발통문」은 세상이 바뀌기를 바라는 염원을 언문과 한문으로 작성한 것인데, 한자에는 모두 언문 독음이 달려 있었다. 언문은 소통의 창구였고, 백성이 꿈꾸던 후천개벽의 세상을 여는 수단이자 무기였다.

한자는 지식인의 전유물이었지만, 언문은 민중의 글자였다. 민중은 언문으로 공부하고 읽고 썼다. 편지도 쓰고 시와 노래, 소설도 썼다. 언문으로 구원의 말씀을 접했으며, 새로운 세상을 꿈꾸었다. 기독교인들은 하느님의 사랑 안에 모였고, 동학도들은 새로운 세상의 주인이 될 채비를 하고 있었다. 시대는 바뀌고 있었고, 성리학적 질서는 민중으로부터 도전을 받고 있었다.

'언문을 국문으로 삼으라', 고종의 국문칙령

1894년 7월 김홍집을 중심으로 하는 온건개화파가 갑오개혁을 추진했다. 군국기무처가 신설되었고, 고종은「갑오경장 윤음」을 반포했다. 정치적으로는 일본의 관료 제도를 도입했고, 과거제를 폐지했다. 경제 면에서는 조세를 금납화하고 은본위 화폐제를 시행했으며, 도량형을 통일했다. 사회적으로는 신분제 폐지, 조혼 금지, 과부 재가 허용, 연좌제 폐지 등을 추진했다. 그리고 11월 21일 고종은 '언문을 국문으로 삼는' 국문칙령을 선포했다.

법률과 칙령은 모두 국문을 기본으로 삼되, 한문으로 번역하거나,

국한문을 섞어 쓴다法律勅令總以國文爲本漢文附譯或混用國漢文.[13]

고종의 국문칙령은 획기적인 조치였다. 언문을 '국문'으로 칭한 것은 유사 이래 처음 있는 일이었다. 조선왕조 개국 이래 국문의 역할을 한 것은 한자였다. 한문은 진서였고, 언문은 공문서에도 사용되긴 했지만, 2등 문자이자 대중의 문자였으며 한문을 대신하지 못했다. 고종의 국문칙령은 한자와 언문의 지위를 하루아침에 뒤집는 혁명적이고 역사적인 선언이었고, 일대 사건이었다. 백성을 위해 훈민정음을 창제한 세종의 꿈이 450년 만에 이루어졌다고 할 수 있을까?

19세기 중반 근대화를 추진한 일본에서는 언문일치가 가능한 글쓰기로 서 일한문혼용체 사용이 널리 확산됐지만, 전통적인 글쓰기인 한문에서 탈 피해 한자와 가나문자를 일본어 어순으로 섞어 쓰는 수준이었다. 이를 고 려하면, 언문을 국문으로 삼는 국문칙령은 언문일치 시도 이상의 의미를 갖는 일이었다. 즉 언문이 나라의 상징이자 근대적 개혁의 핵심 기제로서 선택되었음을 의미한다. 비록 칙령이 나온 후에도 정부의 공문서는 국한문 혼용체로 쓰였으므로, 국문칙령은 선언에 그쳤다고도 할 수 있다. 하지만 언문을 바라보는 시각과 관점에 변화가 생긴 것은 명백한 사실이었다.

국문전용에 대한 반론도 거셌다. 한말의 관료 신기선은 '한문을 버리고 한글을 사용하는 것은 사람을 짐승으로 만든다'고 상소했고,《황성신문》은 1898년 9월 28일자 논설에서 '한문 사용의 전통이 오래이니 만큼 한자를 일시에 폐지할 수 없다'고 역설했다. 한학자 여규형이 '문文은 도道이며 도 는 곧 문'이라며 한문폐지, 국문전용을 반대했듯이 한문과 한자를 숭상하 는 이들이 적지 않은 상황에서 국문과 한자는 팽팽한 접전을 벌였다. 흥미 로운 것은『서유견문』을 순국문으로 쓰려고 했던 유길준이 소학교 교과서 를 국한문혼용체로 쓸 것을 주장했다는 점이다.

소학 교과서의 편찬은 국문을 전주로 함이 가한가? 그렇다고 말 한다. 그런즉 한자는 사용하지 않음이 옳은가? 아니라고 말한다. 한 자를 어찌 폐지하리오. 한문은 폐지하되 한자는 가히 폐지하지 못하는 것이다... 우리의 한자를 차용함이 이미 오래되어 그 동화한 습관이 국어의 일부가 되었으니 진실로 그 훈독하는 방법을 사용하면 그 모양은 비록 한자이나 결국 우리 국문의 부속품이며 보조물이다. 영국 사람이 로마자를 취하여 국어로 쓰는 것과 같으니 한자를 취용한 이유로 어떤 사람이 엄격히 대한의 국어를 가리켜 한문이라 할 것인가? 영문 중에 희랍어를 수입 동화한 것이 있으므로 영문을 희랍어라 부르는 것을 우리는 아직 보지 못했다. 그런즉 소학 교과의 서적은 국한자를 교용하여 훈독하는 방법을 취하면 될 것이며...[14]

한문은 중국 글이지만 한자는 우리말의 일부가 되었으므로 한자를 폐하면 안 된다는 주장이다. 유길준의 아들 유억겸은 부친이 한글을 중시하여 국한문혼용체를 일상적으로 사용했고, 여러 권의 한글 관련 서적을 저술했다고 밝혔다.[15] 유길준은 국문을 중요하게 생각하면서도 국한문혼용체를 이상적인 글쓰기라 생각했던 것이다. 생각을 바꾼 이유를 알 수 없지만, 이렇듯 갑론을박이 벌어지는 상황에서도 '국문'과 '국어'라는 명칭이 시나브로 민간에 보급되었고, 1896년에는 최초의 국문전용 신문인 《독립신문》이 탄생했다.

계몽의 칼이 된 《독립신문》

《독립신문》은 창간호 논설에서 '우리 신문이 한문은 아니 쓰고 다만 국문으로만 쓰는 거슨 상하귀천이 다 보게 홈이라'고 하면서,[16] 국문전용의 깃발을 높이 들었다. 그리고 한자와 한문에 익숙한 일부 지배 계층이 아닌 신지식인과 다수의 근로 대중을 독자로 포용하는 방침을 취하면서, 일반의 교양 향상과 국문 보급에 기여했다. 《독립신문》이 국문전용, 띄어쓰기, 쉬운 조선어 쓰기를 단행한 것은 조선어의 근대화, 대중 세상의 시작을 의미했다.[17]

신문은 일주일에 세 번 발행되었고, 처음에는 300부씩 인쇄하다가 곧 500부가 되고 나중에는 3천 부가 될 정도로 인기를 끌었다. 독자들의 반응은 뜨거웠다. 길거리에서 신문팔이가 신문을 사라고 소리치면 사람들은 신기한 듯 쳐다보며 모여들었다. 국문으로 된 기사는 한문을 몰라도 쉬 읽을 수 있었고, 띄어쓰기도 어렵지 않았다. 지면을 빼곡 채운 글자들이 입을 통해 소리가 되어 귓전을 울리면, 누구나 그 내용을 알아들을 수 있었다. 일상에서 사용하는 말이었기 때문이다. 독자들은 자신이 산 신문을 다른 사람과 돌려보기도 했고, 글을 모르는 이들에게 읽어주기도 했다. 한 사람이 여러 사람을 모아놓고 《독립신문》을 읽는 모습은 어느덧 익숙한 거리 풍경이 되었다.[18]

독자들은 《독립신문》을 읽으며, 일본과 청나라가 조선을 보호한다는 것

국문전용의 깃발을 높이 든 《독립신문》. (한글학회 제공)

은 허상이고, 조선인 스스로 조선을 지키는 것이 독립이라는 것, 법 앞에 만인이 평등하다는 사실을 깨달았다. 또한 정부 관리들의 부정부패의 실상을 파악하게 되었으며, 러시아가 절영도(지금의 부산 영도)를 조차하려는 음모를 꾸미고 있다는 소식을 접하면서는 정치 개혁의 필요성과 외세에 대한 경각심, 자주정신 등을 키울 수 있었다. 《독립신문》독자들은 단지 신문을 읽는 것에 머물지 않고 투고를 해 자신의 생각과 주장을 발표하기 시작했다.

수안군 사람이 신문사에 편지를 하였는데, 전답 결복과 잡역이 그 전과 같고 조금도 감하지 아니하였다 하니, 그 골 원은 그 돈을 그 전과 같이 받아 어디다가 쓰는지, 이런 사람은 내부에서 자세히 사실하여 면직을 시키고 적당한 형률을 주는 것이 마땅할 듯하더라.

−1896년 4월 18일자 독자 투고

이렇듯 익명으로 부패한 관리를 고발하고 처벌을 통해 잘못이 시정되기를 요청하기도 했다. 그런가 하면 이천에 사는 윤동선이란 사람은 '나라가 태평하고 인민이 편리한 것은 양병과 단발'이라 지적하면서 병사를 잘 훈련시켜야 하고, 조선 사회를 발칵 뒤집어놓았던 단발령에 대해서는 고위직에 있는 사람들이 먼저 머리를 깎음으로써 서민들에게 모범을 보이는 것이 문제를 푸는 순리라고 주장했다.

순국문으로 작성된 《독립신문》은 세상 돌아가는 소식을 전하고, 정치의 깨끗하고 어지러움을 논하며, 교육과 군대 발전의 필요성을 역설하고, 경제와 외교, 위생과 환경, 어린이와 여성 문제, 외국 사정 등에 이르기까지 다양한 정보를 공유하는 장이었고, 현실을 개선하고 앞날을 설계하는 계몽의 칼이었다. 순국문 신문이었기에 많은 독자를 확보할 수 있었고, 한글을 모르는 사람에게는 다른 사람이 읽어주어 폭넓게 소통하고 공감할 수 있었다.[19]

언어와 민족은 운명 공동체

《독립신문》은 서재필과 주시경의 합작품이었다. 《독립신문》의 회계 겸 교보원 주시경은 스물한 살의 청년이었지만, 선각자적인 면모와 행동하는 양심을 지닌 지식인이었다. 그는 고종 칙령의 '국문위본國文爲本'을 중시했고, 1897년 4월과 9월 《독립신문》에 실은 논설 〈국문론〉에서는 한자폐지와 국문전용을 제안하면서 '옥편을 만들고 문법을 정리하고 철자법을 통일할 것, 국문을 왼쪽에서 오른쪽으로 횡서할 것' 등 조선 어문의 규범화(근대화)를 위한 국어 연구와 실용의 길을 제시했다. 더불어 독립국을 유지하고 사회적 소통과 자주적 문화 창조를 위해 '자기 나라의 언어와 문자를 존중해야 한다'며 '언어 = 민족', 즉 언어와 민족이 운명 공동체임을 역설했다.[20]

자국의 언어 문자는 천연적으로 다른 구역의 사람들끼리 자연히 서로 한 단체의 자유국을 이루게 하는 특성의 표준이라. 그 사회인들이 뜻을 서로 통하게 하며 경영하여 서로 도와 하나의 단체가 되게 하는 언어가 다른 무리의 문자와 언어의 농락을 당하여 문란하고 혼잡해지면 그 무리의 사상과 단체도 문란하고 분리하여 국가의 자주의 보전을 기대할 수 없다.[21]

그러나 500년을 이어온 왕조의 운명은 기울고 있었다. 1905년 을사늑

약이 체결됨으로써 대한제국은 일본에게 외교권을 박탈당했다.《황성신문》사장 장지연은 '아, 원통하고도 분하도다. 우리 2천만 남의 노예가 된 동포여! 살았는가? 죽었는가?'라고 절규했고, 시종무관장 민영환은 조약 파기를 상소했다가 좌절되자, 2천만 동포와 각국 공사에게 보내는 한문 유서와 한글 유서를 각각 작성하고 스스로 목숨을 끊었다.

영환이 한번 죽기를 결단하여 우러러 황은을 갚고, 우리 2천만 동포 형제들에게 사례하노니 영환이 죽어도 죽지 아니하였고 이제 죽어도 혼은 죽지 아니하여 구천에서 여러분을 돕고자 한다.

동포 형제는, 천만 배나 분려를 빼내어 지기를 굳게 하고 학문에 힘써 결심 노력하여 우리의 자유 독립을 회복할지어다. 그러면 나는 지하에서 기꺼이 웃으런다. 오호라, 조금도 바람을 잃지 말지어다. 영결하여 우리 대한제국 2천만 동포 형제에게 계고하노라.[22]

고종의 국문칙령 이후 순국문으로 발행된《독립신문》은 하층과 부녀자 층을 포함한 일반 대중을 독자로 확보했다. 1898년에는《경성신문》《매일신문》《제국신문》등이 순국문으로 발행되었고, 민영환은 국문으로 유서를 썼다. 그러나 한편에서는 『서유견문』이 국한문체로 쓰인 것과 같이 한문 문장에의 종속성을 탈피하지 못한 채《한성순보》(1883),《황성신문》(1898), 관보, 교과서 등이 국한문체로 발행되고 있었다. 순국문체와 국한문체에 대한 호불호가 갈리면서 갑론을박이 벌어졌으나, 허망하게도 일본에게 주권을 빼앗김으로써 한글과 한자의 진검 승부는 먼 훗날로 미루어졌다.[23]

그런데, 그 나라말이 사라졌다

1910년 8월 29일, 대한제국은 일본의 식민지가 되었다. 한일병합조약에 명시된 '한국 황제 폐하는 한국 전체에 관한 일체 통치권을 완전히 또 영구히 일본 황제 폐하에게 양여'한다는 문구는, 힘으로 남의 나라의 주권을 탈취한 강도 일제가 자신의 부끄러운 손을 감추려는 궤변이었다. 하지만 단말마의 비명조차 토해내지 못한 채 대한제국은 소멸했고, 조선어는 대한제국 국어의 지위를 상실했다.

단군 이래 5천 년을 이어온 나라말이 사라졌고, 15세기 이래 민중의 글로 성장해온 훈민정음도 국문의 지위를 박탈당했다. 이제 조선어는 식민지로 전락한 조선에서 사용하는 방언이 되었으며, 일본어가 조선인의 국어, 일본의 가나문자가 나라글자가 되었다. 조선인과 조선어는 통치자 일본과 일본어 앞에서 앉지도 서지도 눕지도 못하는 신세가 되었다.

조선인들이 일본어 학습의 필요를 느낀 것은 19세기 말이었다. 1881년 신사유람단의 일원이었던 유길준, 유정수, 윤치호는 일본의 근대화된 모습을 목격하고 큰 충격을 받았다. 그들은 일본과 서양의 학문을 배우기 위해 바로 귀국하지 않고 후쿠자와 유키치福澤諭吉의 게이오의숙慶應義塾과 나카무라 마사나오中村正直의 도진샤同人社에서 공부했다. 대륙 선진 문물의 전파자로서 일본을 섬나라 오랑캐로 여겼던 지난 역사를 돌이켜보면 하늘과 땅이 뒤집히는 사건이었다.

이후 개화파는 게이오의숙과 위탁계약을 맺고 100여 명의 유학생을 파견했으며, 1895년에는 113명의 조선인들이 게이오의숙에 유학했다. 1904년에는 황실 특파 장학생 50명이 바다를 건넜다. 유길준이나 윤치호 같은 이들은 영어 학습에도 열중했지만, 유학생들이 필수적으로 습득해야 할 언어는 일본어였다.[24]

메이지유신의 성공과 더불어 일본어는 문명으로 가는 교통어로서 강력한 힘을 발휘하기 시작했고, 조선·중국·베트남·인도 등에 두루 퍼졌다. 청일전쟁에서 승리한 일본은 대만을 접수했으며, 러일전쟁 승리의 여세를 몰아 조선마저 식민지로 만들었다. 세상이 뒤바뀌고 일본어가 국어가 되자, 조선어는 난파선처럼 표류했다. 조선인에게 일본어는 더 이상 외국어가 아니었고, 싫든 좋든 습득해야 하는 국어가 되었다.

1911년 7월 초대 조선총독 데라우치 마사타케寺內正毅는 훈시를 통해 조선인을 일본 신민으로 육성하는 것을 교육의 궁극적인 목표로 삼고 국어, 즉 일본어를 적극 보급하며, 보통교육과 실업교육에 힘쓴다는 차별적 조선 교육정책의 근간을 밝혔다.[25] 동화정책의 조속한 실현을 위해 하루빨리 조선인이 일본어를 쓰게 하는 것이 급무였지만, 조선어 사용을 즉각 금지할 수도, 일본어만을 강요할 수도 없는 노릇이었다. 결국 일본어와 조선어는 한 통에 담긴 물과 기름처럼 융화되지 않는 껄끄러운 동거에 들어갔다.

특명! 조선인에게 일본어를 주입하라

1911년 9월 22일 조선총독부는 조선 지배의 방향을 담은 조선교육령을 발표했다. 교육의 목표는 천황의 교육칙어에 기초해서 '충량한 국민을 양성'하는 것이었고, 이를 위해 국어, 즉 일본어를 보급한다는 것이었다.

총령
2조. 충량한 국민을 양성함을 본의로 한다.
5조. 국민 될 만한 성격을 함양하여 국어를 보급함을 목적으로 한다.

조선교육령에 따라 11월 1일부터 보통학교를 비롯한 조선 학교에서 일본어 교육이 시작되었다. 보통학교 교육과정에서 일본어의 비중이 가장 높

보통학교 교과과정, 교수 시간 (조선교육령, 1911)

	1학년	2학년	3학년	4학년
국어	10	10	10	10
조선어 / 한문	6	6	5	5

고등보통학교 교과과정, 교수 시간 (조선교육령, 1911)

	1학년	2학년	3학년	4학년
국어	8	8	7	7
조선어 / 한문	4	4	3	3

여자고등보통학교 교과과정 교수 시간 (조선교육령, 1911)

	1학년	2학년	3학년
국어	6	6	6
조선어 / 한문	2	2	2

았고, 조선어는 소홀히 취급되었으며, 조선 역사는 사라졌다.

조선인이 다니는 보통학교에서 일본어는 주당 열 시간, 고등보통학교에서는 주당 일고여덟 시간, 여자고등보통학교에서는 여섯 시간으로 가장 많이 가르치는 과목이었다. 조선어는 한문과 묶여 보통학교에서 주당 대여섯 시간, 고등보통학교에서 서너 시간을 가르쳤고, 여자고등보통학교에서는 두 시간밖에 가르치지 않았다.[26]

『보통학교 국어독본』은 오늘날의 초등학교에 해당하는 보통학교에서 사용하던 국어 교과서로, 모든 내용이 일본어로 쓰였다. 조선어는 필수과목이었지만, 모든 입시에서 배제되었다. 면서기라도 하려면 일본어가 필수였으니, 상급 학교 진학이나 취직에 전혀 도움이 안 되는 조선어에 대한 관심과 학습 열기는 기대할 수 없었다.

『보통학교 국어독본』의 본문 일부를 살펴보자. 삽화 속 조선인 소녀는 창가에 서서 포도나무 덩굴을 바라보고 있다. 호기심으로 가득한 소녀의 얼굴, 투명한 유리창, 덩굴, 따사로운 햇살 등이 한데 어우러져 아름답고 평화로운 정경을 연출한다. 삽화 위에 적힌 글에서는 아침에도 밤에도 덩굴을 뻗는 포도나무가 눈을 갖고 있을지도 모른다는, 소녀다운 상상의 나래가 펼쳐진다. 조선의 아이들이 선생님을 따라 낭랑한 목소리로 그 글을 읽는다.

'포도의 덩굴은 눈이 있는 덩굴인가, 내 창에 아침에도 밤에도 (덩굴을) 뻗는다. 포도의 덩굴이여, 무엇을 보고 (덩굴을) 뻗는가, 햇빛이 비추는 유리창, 나풀나풀하는가.'

모든 것이 일본어와 가나문자에 의해 구체화되고, 글줄을 따라가던 조선의 아이들은 부지불식간에 일본과 일본어에 친숙해진다.

보통교육과정에서 조선어는 일본 국민으로서 반드시 습득해야 할 국어가 아니었지만, 완벽한 동화로 가는 과도기적 단계에서 폐지를 논할 수도 없는 것이었다. 정상적인 교육을 실시해야 하는 조선총독부로서는 조선어 교육을 위한 '언문철자법'도 제정해야 했다. 하지만 이는 식민통치를 원활

『보통학교 국어독본』 표지(좌)와 본문(우). (서울교육박물관 제공)

히 하기 위한 방편일 뿐이었고, 어린 조선인 학생들에게 강조된 것은 어디까지나 일본어였고 천황의 역사였다.

이봉창, 신일본인을 꿈꾸다

일제하에서 '살아남기'도 아니고 그저 '살아가기' 위해 일본어를 배워야 했던 조선인의 현실을 단적으로 보여주는 인물로 이봉창 의사를 들 수 있다. 이봉창은 1901년생으로 용산에 있는 문창보통학교를 마친 후 일본인이 운영하는 과자 가게에 취직했다. 국망의 충격을 온전히 이해하기에는 너무 어렸는지도 모른다. 그는 일본 천황의 통치를 받는 식민지의 현실을 자신이 살아 나가야 하는 세상으로 받아들였고, 열심히 일해 돈도 벌고 출세도 하고 싶었다. 과자 가게에서 약국으로, 약국에서 용산역으로 일터를 옮기며 그의 일본어 실력은 일취월장해 일본인에 버금가는 수준이 되었다.

문제는 '동화'가 '동등'을 의미하지 않는다는 점이었다. 조선총독부는 동화를 외치면서도 실질적으로는 조선인을 차별했다. 자신들의 지배를 받는 열등한 민족이라 차별했고, 일터에서는 임금으로 차별했으며, 승진에도 제한이 있었다. 일본에 가면 오히려 차별을 피할 수 있다는 말을 듣고 이봉창은 바다를 건넜다. 그러나 취직은 쉽지 않았다. 조선인 이봉창을 반갑게 받아주는 곳은 없었다. 우여곡절 끝에 일자리를 잡은 이봉창은 '기노시타 쇼조'라는 이름을 쓰면서 일본인 행세를 했다. 멀쩡하게 다니던 직장도 조선인이라는 사실이 들통나면 차별이 시작되었기 때문이다.

비누 가게 점원으로 일하던 어느 날이었다. 일본어가 서툰 조선인 여성이 물건을 사러 왔다. 이봉창은 모른 척했다. 가게를 기웃거리는 낯선 여성을 발견한 주인이 물건을 훔치러 온 도둑으로 오해하고 소리를 질렀다. "도둑이야!" 놀란 그녀는 황급히 도망을 쳤다. 이봉창이 나섰으면 간단히 해결될 문제였지만, 조선인이라는 사실을 들키지 않으려고 침묵했다. 그날 이후로 이봉창은 고뇌했다. 양심이 그를 괴롭혔다.

'난 정말 인정머리 없는 놈이구나. 왜 나는 조선인이면서 양심을 속이고 이렇게 비굴하게 살아야 하는 걸까? 이게 사람답게 사는 걸까?'

이봉창은 차별을 피하기 위해 기노시타 쇼조라는 이름을 쓰면서 일본인 행세를 했지만, 뼛속까지 일본인이 될 수는 없었다. 남들한테는 감쪽같이 출신을 속일 수 있을지 몰라도 자신을 속일 수는 없었다.

'나는 누구인가?'

당장 뾰족한 수가 보이지는 않았다. 방황의 나날을 보내던 어느 날, 상하이임시정부 얘기를 듣고 귀가 번쩍 뜨였다.

'그래, 이제부터는 본명 이봉창으로 살자. 상하이에 가서 떳떳하게 조선인으로 살겠다.'

가짜 일본인 기노시타 쇼조는 다시금 조선인 이봉창으로 거듭났다. 그리고 1932년 1월 8일 11시 45분경. 이봉창은 도쿄 황궁 사쿠라다몬 앞에서 천황 행렬에 폭탄을 던졌다. '꽝' 하는 굉음에 말들이 놀라 뛰었고, 구경꾼들이 흩어지는 소동이 벌어졌다. 하지만 폭탄은 엉뚱한 곳에서 터져 천황의 털끝 하나 건드리지 못하고 의거는 실패했다. 다른 사람을 범인으로 체포하는 등 허둥대던 경찰에게 이봉창은 스스로 범인임을 밝히고 현장에서 체포되었다. 그는 경찰 진술에서 3·1운동 때 아무 생각이 없었고, 오히려 자신을 '신일본인'이라 생각했다고 말했다.[27]

아무리 발버둥을 쳐도 일본인이 될 수 없고 조선인일 수밖에 없다는 것을 깨달을 때까지, 그리하여 천황이 탄 마차를 향해 폭탄을 던지기까지 이봉창은 신일본인으로 살기 위해 노력했다. 이봉창뿐 아니라 조선의 아이들이 식민 교육을 받으며 성장했다. 비록 차별받고 일본인들보다 위로 올라가지 못한다 할지라도, 총독부 관리가 되거나 경찰이 되거나 훈도가 되어 살기를 소망했다. 가슴 한구석에 조선인이라는 민족의식이 있었을지도 모르지만, 식민 교육 아래 그들은 신일본인으로 자라났다.

조선 땅의 모어는 조선어였다. 태어나 처음 들은 말은 '아가'나 '까꿍' 혹은 '맘마'였다. 세상에 나와 처음 듣는 조선어는 어머니의 사랑으로 가득 차 있었을 것이다. 처음 내뱉은 말은 '엄마'였을까, '맘마'였을까? '엄마'와 '맘마'가 같은 의미로 느껴지는 까닭은 무엇일까? '엄마, 배고파, 까꿍' 같은 뜻 모를 말들이 귀에 들어오고 나가는 사이에 조선어의 말뭉치 하나하나가 머릿속에 들어와 박히고, 조선의 아이들은 '영수와 순덕이'를 부르며 학교로 달려갔다. 그러나 조선어는 더 이상 국어가 아니었고, '오카상'이나 '아리가토' '빠가' 같은 낯선 일본어를 공부해야 했다. 그렇다고 해서 하루아침에 말이 바뀔 수는 없었다. 집에서는 조선어를 썼고, 학교에서는 열심히 일본어를 학습했다. 조선어는 그다지 중요하지 않았다. 국어가 된 일본어는 조선어를 구석으로 내몰았고, 취업을 준비하는 조선인 학생들에게 필요한 언어는 일본어였다. 조선어가 사라지지는 않았지만, 일본어 중시는 거스를 수 없는 대세였다.

1922년에 태어난 최기일은 신의주공립고등보통학교 1학년 때부터 일본어 교육을 받았다. 구구단도 일본어로 배웠다. '시시 주로쿠(사사 십육), 시치시치 욘주쿠(칠칠 사십구)'를 수도 없이 반복했다. 그는 일본 게이오대학을 다녔고, 1948년 미국으로 건너가 프린스턴대학과 하버드대학에서 경제학을 공부했다. 오랜 미국 생활을 한 결과, 그는 영어로 생각하고 영어로 꿈을 꾸게 되었다. 하지만 물건을 셀 때나 상품을 살 때 곱셈은 언제나 어릴 적에 배운 일본어로 했다. '시시 주로쿠 시치시치 욘주쿠!'

1924년 서울에서 출생한 민태윤은 충남 연기군에 있는 천안공립보통학교에 다녔는데, 1학년 때부터 각종 일본 신문과 잡지를 읽었고, 일본 노래, 영화 등 일본 문화를 접했다. 일본어 작문에서 언제나 1등을 했고, 웅변대회에도 참가했다. 그는 '일본 문화에 푹 빠져 있었다'고 어린 시절을 회상했다.[28] 1934년생인 이어령은 국민학교에 입학한 때부터 모국어를 말하지도 쓰지도 못하는 언어적 수인으로 살다가 해방이 된 뒤에야 비로소 '가나다'를 배웠다.[29] 1910년 이후 학교를 다닌 세대에게 국어는 일본어였고, 성장기에 배운 일본어는 그들의 삶에 커다란 그림자를 드리웠다.

스승의 죽음과 한글의 탄생

주시경은《독립신문》창간에 참여했고, 국어 연구와 교육에 전념하면서 언어철학을 수립했다. 그는 '남의 나라를 빼앗고자 하는 자는 그 나라의 말을 없애려고 하고, 나라를 지키려는 자는 나라의 말을 지키려고 애쓴다'[30]라고 했다. 민족과 민족어의 운명을 하나로 본 그의 사상은 '언어를 보존한 민족은 살아남고 언어를 보존하지 못한 민족은 사라진다'라며 독일 국민의 각성을 촉구한 요한 고틀리프 피히테의 사상과 맞닿아 있었다.

주시경은 국문을 바로 세움으로써 스러져가는 나라를 일으켜 세우려 했다. 대한제국이 백척간두의 위기에 처했던 1910년 6월 10일, 『보중친목회보』에 기고한 글에서 그는 '말이 오르면 나라도 오르고, 말이 내리면 나라도 내린다'고 했다. 바람 앞의 등불처럼 흔들리는 나라의 명운을 예감하고 한탄하며, 조선 민중을 향해 절망과 희망의 메시지를 담아 절규했다.

주시경은 국어의 정립을 통해 문화의 기초를 세우고 나라를 일으킬 수 있다는 일념으로 국문 연구에 전념했다. 우리말은 물론 일본어와 중국어, 영어 등을 고찰하면서 근대적 학문의 자세로 우리말을 연구하여 국문법의 토대를 닦았다. 또한 중요한 것은 교육이었다. 주시경은 자신의 학설을 후학에게 전하기 위해 상동청년학원, 조선어강습원 등에서 강의했다. 최현배는 조선어강습원에서 사사한 주시경에 대해 다음과 같이 회고했다.

눈물을 머금은 '주보따리'는 언제나 동대문 연지동에서 서대문 정동으로, 정동에서 박동으로, 박동에서 동관으로 돌아다녔다. 스승은 교단에 서시매, 언제든지 용사가 전장에 다다른 것과 같은 태도로써 참되게, 정성스럽게, 뜨겁게, 두 눈을 부릅뜨고 학생을 응시하고, 거품을 날리면서 강설을 하셨다. 스승의 교수는 말 가운데 겨레의 혼이 들었고, 또 말 밖에도 나라의 생각이 넘치었다.[31]

두 눈을 부릅뜨고 거품을 날리며 겨레의 혼과 나아갈 길을 역설하며 사자후를 토하는 주시경의 모습이 활동사진처럼 눈앞에 펼쳐진다. 지금 청소년들은 이러한 스승을 교실에서 만날 수 있을까? 국어 연구·강의·저술만으로도 24시간이 부족한 그의 발걸음을 재촉한 것은 하루속히 조선어사전을 만들어야 한다는 사명감이었다.

조선말로 문법칙을 정밀하게 만들어서 남녀 간에 글을 볼 때에도 그 글의 뜻을 분명히 알아보고 지을 때에도 법식에 맞고 남이 보기에 쉽고 경계가 밝게 짓도록 가르쳐야 하겠고 또는 불가불 국문으로 옥편을 만들어야 할지라.[32]

그때까지 조선어를 풀이한 사전으로는 외국인 선교사들이 만든 『한불자전』 『한영자전』 등이 있었는데, 그나마도 조선어를 프랑스어 또는 영어로 설명한 대역사전에 불과했다. 조선어를 조선어로 설명한 사전은 없었기에 주시경의 생각은 확고했다. '국어를 바로 세우려면 사전이 필요하다!' 그러나 사전 편찬은 하루아침에 이룰 수 있는 작업이 아닌 데다가 편찬을 위한 여건 마련도 쉽지 않았다. 기회를 모색하던 1910년 10월, 주시경은 최남선이 창설한 조선광문회와 인연을 맺으면서 제자 김두봉, 권덕규, 이규영 등과 함께 '말모이(우리나라에서 최초로 편찬이 시도된 국어사전)' 편찬을 시작할 수 있었다.

주시경이 남긴 것

말모이 편찬은 1911년부터 4년간 지속되었다. 그런데 1914년 7월 27일 주시경이 서른아홉 살의 나이로 돌연 세상을 떠났다. 일제의 무단통치가 시작되고, 105인사건 이후 많은 민족지사들이 망명하던 때였다. 청천벽력 같은 소식에 제자들은 충격과 슬픔에 빠졌다. 김윤경은 '뜻밖의 체증에 걸리어 두어 날 만에 갑자기 작고하게 되었다'라고 기록하면서, 국어학계는 물론 나라와 민족의 큰 손실이라며 스승의 죽음을 슬퍼했다.[33]

지극정성으로 스승을 돕던 김두봉은 '슬프다 꿈도 생각도 밖에 지난여름에 우리 한힌샘 스승님이 돌아가시고 이답지 못한 사람이 이 「말본」까지 짓기에 이르렀도다'라며 스승의 빈자리를 슬퍼했다.[34] 스승의 부탁으로 동래군 동명학교 하기 강습회에서 수업하던 중 부음을 들은 최현배는 강습생들과 함께 대성통곡했다. 걷잡을 수 없이 흘러내리는 눈물을 훔치며 최현배는 비장한 각오를 다졌다.

나는 주 스승에게서 한글을 배웠을 뿐 아니라 우리말 우리글에 대한 사랑과 그 연구의 취미를 길렀으며 겨레 정신에 깊은 자각을 얻었으니, 나의 그 뒤 일생의 근본 방향은 여기서 결정된 것이었다... 나는 스승의 부탁에 따라 우리말 우리글을 오늘까지 갈고닦고 또 가르치고 있는 것이니, 이 사명을 다한 뒤에는 스승에게로 돌아가 복명할 작정이다.[35]

복명이란 명령을 받은 사람이 그 결과를 보고하는 것이다. 최현배가 이 글을 쓴 것은 스승의 죽음으로부터 40여 년이 흐른 뒤였다. '복명'이란 한

마디 낱말에서 지나간 40여 성상을 최현배가 어떤 각오로 살아왔는지, 주시경의 가르침이 그의 삶에 얼마나 큰 영향을 미쳤는지 짐작할 수 있다. 스승은 떠났지만, 제자들이 스승의 유업을 이어 나갔으니, 아아, 가르친다는 것, 배운다는 것의 엄숙함과 숭고함을 경시하거나 외면할 수 없다. 교육은 인간을 만들고 사회를 이루고 나라와 민족의 운명을 규정한다. 교육은 삶과 미래, 역사의 생명수다!

'한글'이라는 새 이름

1908년 8월 31일 봉원사(서울 서대문구 봉원동 소재)에서 주시경은 국어 연구에 뜻을 함께하는 사람들과 '국어연구학회'를 창립했다. 이때 국어는 대한제국의 언어였다. 그런데 한일병합조약으로 대한제국이 역사 속으로 사라지자, 이듬해인 1911년 9월 3일 학회는 이름을 '배달말글몯음(조선언문회朝鮮言文會)'으로 바꿨다. 일본어가 '국어'가 되었으니, 조선어를 연구하는 단체로서 더 이상 '국어연구학회'라는 이름을 쓸 수 없었다. 자기 나라 말을 국어라고 부를 수조차 없는 세상, '국문'과 '국어'란 말을 쓸 수 없게 된 상황에서 이를 대신할 명칭은 '조선어'와 '조선글'이었다.

조선어와 조선글은 조선이라는 지역에서 사용하는 언어와 문자를 뜻한다. '백성을 가르치는 바른 소리'라는 훈민정음처럼 특별한 의미가 들어 있지 않은, 그저 땅덩어리에 기반을 둔 명칭이다. 언문이라는 명칭은 '우리 글자'를 가리키는 이름이고, 훈민정음과 같이 사용해온 '정음'은 훈민정음을 줄여 부르던 이름이었다. 자모가 결합해 한 글자를 이룬다고 해서 '반절'이라고도 했고, 공부할 때 사용하던 반절표가 '가갸거겨'로 시작하여 '가갸글'이라고도 불렸다.

우리말과 글을 국어, 국문이라고 부를 수 없는 상황에서 언문, 훈민정음, 정음, 반절, 가갸글 등을 다시 불러내는 것은 근대라는 시대의 흐름에 맞지 않는 것이었을까? 1913년 3월 23일 배달말글몯음 임시총회 기록에 '한글'이 등장한다. 이날 회원들은 보성중학교에서 임시총회를 열고 모임의 이름 '배달말글몯음'을 '한글모'로 바꾸었는데, '배달말글'을 '한글'로 줄이고 '몯음'을 '모'로 줄였다. '배달말글'을 갈음한 '한글'을 우리 문자를 이르는 명칭으로 사용하겠다는 선언은 없었지만 '한글'은 훈민정음, 정음, 언문, 특히 조선글이라는 시대의 변화에 걸맞지 않은 어중간한 이름을 대체할 가능성을 품고 있었다. 훗날 최현배는 주시경이 한글이란 이름을 지었으며, 한글은 '하나, 크다, 바르다'라는 뜻이라고 했다.[36]

'쟁여놓은 포대'처럼 무서운 힘

주시경이 처음 쓴 '한글'이라는 이름은 어떻게 널리 퍼지게 되었을까?

'배달말글몯음'을 '한글모'로 바꾸었지만, 당장 우리 글자를 '한글'로 불렀는지는 알 수 없다. 그렇지만 1922년 5월 12일 부산청년회 주최 제3회 강연회에서 이우영이 '한글'이란 제목으로 강연을 했고, 최현배가 1922년에 《동아일보》에 연재한 〈우리말과 글에 대하야〉와 1926년에 연재한 〈조선민족 갱생의 도〉에서 '한글(정음) 또는 한글(언문)'이라고 한 것, 1926년 12월 고창에서 권덕규가 '한글 강연회'를 연 것 등을 보면 한글을 보급하려 애쓴 이들이 있었고, 차츰 인구에 회자되었다는 사실을 알 수 있다.

1926년 9월 29일(음력), 훈민정음 반포 480주년을 맞아 처음으로 열린 '가갸날' 기념 잔치에서 권덕규는 우리 문자의 명칭을 크고 무한하다는 뜻의 '한'을 취택해서 '한글'로 하자고 정식 제안했다. 국어학자들 사이에 명칭에 관한 논의가 설왕설래했음을 짐작할 수 있다. 이날 권덕규의 제안이 곧바로 받아들여지지는 않았지만, 《동아일보》 11월 6일자에 〈이하늘과 이 싸우에 거듭퍼진 『한글』의 빛〉이라는 기사가 실린 것을 보면, 직업으로 말과 글을 다루는 기자도 '한글'이란 이름에 귀가 번쩍 뜨였던 것 같다.

1913년 '한글모'를 통해서 처음 모습을 드러낸 이름 '한글'은 조선인들 사이에서 시나브로 우리 글자를 지칭하는 이름으로 쓰이고 있었는데, 이 명칭을 공식화한 것은 조선어연구회가 동인지 『한글』을 발간하면서였다. 한글모의 맥을 잇는 조선어연구회는 1921년부터 문법 연구와 사전 편찬을 위한 본격적인 활동을 전개했는데, 잡지 『한글』 창간사에서 다음과 같이 선언했다.

『한글』이 나왔다. 『한글』이 나왔다. 훈민정음의 아들로 나왔으며 이천삼백만 민중의 동무로 나왔다. 무엇하러 나왔느냐. 조선말이란 광야의 황무荒蕪를 개척하며 조선글(한글)이란 보기寶器의 묵은 녹을 벗기며 조선 문학의 정로正路가 되며 조선 문화의 원동력이 되어 조선이란 큰집의 터전을 닦으며 주초를 놓기 위하야 병인 이듬해 정묘 년 벽두에 나왔다.[37]

『한글』은 훈민정음의 아들이자 2,300만의 동무로 세상에 나왔다고 시작한 글에서 '조선글'이라고 표기한 것은 '한글'이라는 이름이 아직 일반에 알려지지 않았음을 짐작케 하는 대목이지만, 이제 조선글을 한글이라 부르겠다고 분명하게 밝힌 것이다. 결국 '한글'이라는 새 이름이 잡지 『한글』을 탄생하게 했고, 잡지 『한글』이 나옴으로써 '한글'이라는 이름이 민간에 알려지고 보급되는 선순환을 낳았던 것이다.

달리는 말에 채찍질을 하듯이 한글 보급에 결정적인 역할을 한 것은 언론이었다. 1919년 3·1운동 때, 조선인들의 목숨을 던진 투쟁, 최후의 일인까지 독립을 위해 물러서지 않겠다는 거센 투쟁에 부딪혔던 조선총독부가 문화정치를 표방하자, 《동아일보》《조선일보》《시사신문》 등 조선인들의 신문이 등장했다. 그리고 1928년 조선어연구회가 '가갸날'을 '한글날'로 바꾸었을 때 언론은 '언문'이나 '조선 문자'라는 명칭 대신에 '한글'을 사용했다. 일례로 1928년 11월 11일 《동아일보》는 〈『한글』 생일〉이라는 기사를 실었다.

『한글』생일

최근 수년래로 음력 9월 29일을 조선의 자랑의 하나인『한글』이 거금 482년 전에 세종대왕의 손으로 발표된 날이라 하야 이것을 『가갸날』을 삼아 기념하야 나리왓다. 기념으로서 무의미한 기념도 없는 바 아니겠지만 이『한글』날의 기념은 현금 조선 민족으로 가장 의의 잇는 기념의 하나라 하겟다.

나라를 빼앗긴 조선인들에게 한글날을 기념하는 것은 고유문자 창제라는 자랑스러운 역사를 상기시키는 것이고, 고통스러운 현실을 이겨낼 힘과 용기, 미래에 대한 희망을 가슴속에 그리는 것이었다. 일제가 날이 갈수록 일본어 보급에 열을 올리는 만큼 조선인들에게 조선어와 조선 문자는 반드시 지켜야 할 소중한 것이었기에 '한글'은 조선인들의 가슴을 파고들면서 깊숙이 자리를 잡아 나갔다. 민족시인 만해 한용운은 1926년 12월 7일자 《동아일보》에 가갸날 축시를 선물했다.

아아 가갸날 │ 참되고 어질고 아름다워요 │『축일祝日』『제일祭日』『데ー』『써슨』이 위에 가갸날이 낫서요 가갸날 │ 씃없는 바다에 쑥 소서오르는 해처럼 힘 잇고 빗나고 두렷한 가갸날

『데-』보다 읽기 조코 『써슨』보다 알기 쉬워요 | 입으로 젓꼭지를 물고 손으로 다른 젓꼭지를 만지는 어엽분 아기도 알녀줄 수 잇서요 | 아모것도 배우지 못한 계집 사내도 아르켜줄 수 잇서요 | 『가갸』로 말을 하고 글을 쓰서요 | 혀긋에서 물ㅅ결이 솟고 붓 아래에 곳이 피여요

그 속엔 우리의 향기로운 목숨이 사러 움직입니다 | 그 속엔 낫익은 사랑의 실마리가 풀리면서 감겨 잇서요 | 굿세게 생각하고 아름답게 노래하야요 | 검이여 우리는 서슴지 안코 소리쳐 『가갸날』을 자랑하겟습니다 | 검이여 가갸날로 검의 가장 조흔 날을 삼어주서요 | 온 누리의 모든 사람으로 『가갸날』을 노래하게 하야주서요 | 가갸날 오오 가갸날이여

한용운은 '가갸날에 대한 인상을 구태여 말하자면 오랜만에 문득 만난 임처럼 익숙하면서도 새롭고 기쁘면서도 슬프고자 하여 그 충동은 아름답고 그 감격은 곱습니다. 또 한편으로는 바야흐로 쟁여놓은 포대처럼 무서운 힘이 있어 보입니다'라고 했다. '쟁여놓은 포대'는 침략자를 물리칠 강력한 무기로서 한글과 우리말을 암시했다. 말과 글을 지켜 민족을 보존하고 독립을 쟁취해야 한다는 생각은 민족지사들 사이에서 이심전심 번지고 있었다. 주시경과 그 제자들의 우리말과 우리글에 대한 깊은 애정과 의지, 조선인들의 미래에 대한 실낱같은 희망이 결합하여 태어난 새 이름 '한글'도 성큼성큼 걸음마를 떼기 시작했다.

2장

언어와 겨레의 운명은 하나!
나라말을 지켜라

우리가 독납신문을 오늘 처음으로 출판하는디 조선속에 잇는 뉘외국 인민의게 우리 쥬의를 미리 말솜하여 아시게 하노라

우리는 첫지 편벽 되지 아니한고로 무슴 당에도 상관이 업고 상하귀쳔을 달니디 졉아니한고 모도조션 사람으로만 알고 조션만 위하며 공평이 인민의게 말할터인디 우리가 셔울 백성만 위할게 아니라 죠션 젼국인민을 위하여 무슨일이든지 디언하여 주랴홈 졍부에셔 하시는일을 백셩의게 젼할터이요 백셩의 졍셰을 졍부에 젼할터이니 만일 백셩이 졍부일을 자셰이 알고 졍부에셔 백셩의 일을 자셰이 아시면 피차에 유익호 일만히 잇슬터이요 불평호 마옴과 의심하는 싱각이 업셔질 터이옴 우리가 이신문 출판 하기는 취리하랴는 거시 아닌고로 갑슬 헐허도록 하엿고 모도 언문으로 쓰기는 남녀 상하귀쳔이 모도 보게홈이요 또 귀졀을 떼여 쓰기는 알어 보기 쉽도록 홈이라 우리는 바른 디로만 신문을 할터인고로 졍부 관원이라도 잘못하는이 잇스면 우리가 말홀터이요 탐관오리 들을 알면 셰상에 그사룸의 힝젹을 펩일터이요 ᄉᆞᄉᆞ빅셩이라도 무법호일 하는 사룸은 우리가 차저 신문에 셜명 할터이옴 우리는 조션 대군쥬폐하와 됴션졍부와 죠션인민을 위하는 사룸드린고로 편당잇는 의논이든지

조선어사전을 펴내라! 말모이 대작전

주시경의 갑작스러운 죽음으로 말모이 작업은 중단되었다. 1915년 최남선은 조선광문회에 계명구락부를 결성하여 조선어사전 편찬 사업을 재개했지만, 안타깝게도 결실을 보지 못했다. 1919년 3·1운동에 참여했다가 일경에 쫓긴 김두봉은 상하이로 망명했고,[1] 1920년 이규영마저 세상을 떠났다. 주시경이 시작한 말모이 편찬은 성난 바람과 파도에 이리저리 휩쓸리는 돛단배처럼 막막한 바다 위를 표류하고 있었다.

그렇다고 해서 조선인들의 사전 만들기가 완전히 좌초한 것은 아니었다. 박승빈, 문일평, 오세창, 윤치호, 이능화, 최남선 등이 주도하던 계명구락부가 1927년 조선광문회의 사전 원고를 인수하여 최남선의 책임 아래 작업을 진행했다. 계명구락부의 사전 편찬에 거는 사회의 기대는 매우 컸다. 하

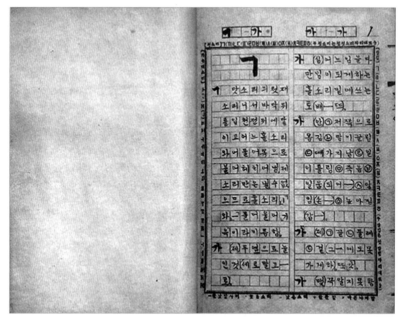

완성 단계에서 출판되지 못한 조선광문회의 말모이 사전. (국립한글박물관 소장)

지만 안타깝게도 양건식, 변영로, 정인보, 최남선 등이 실무에서 물러나고, 1929년 이윤재, 이용기, 한징마저 하차하자 사전 편찬은 중단되고 말았다.[2] 그러나 사전을 만들어야 한다는 절박함은 사그라지지 않았다. 이번에는 주시경의 제자들이 주축이 되어 활동하던 조선어연구회가 어렵사리 다시 작업에 착수했다.

'백절불굴의 사나이' 이극로의 꿈

독일 유학을 마치고 1929년 1월 귀국한 이극로가 같은 해 4월 조선어연구회에 들어왔다. 큰 키에 어깨가 딱 벌어진 우람한 대장부형의 이극로는 1927년 5월 독일 프리드리히빌헬름대학(지금의 베를린훔볼트대학)에서 「중국의 생사공업」이란 논문으로 철학 박사 학위를 받았고, 영국, 미국, 일본 등을 거쳐 귀국하자마자 유명 인사가 되었다. 그는 유럽에서 박사 학위를 받은 최초의 조선인이자 신지식인이었다. 그런데 철학을 전공한 학자가 왜 조선어연구회의 회원이 되었을까?

1912년 마산 창신학교를 졸업한 이극로는 서간도에 있는 신흥학교(훗날 신흥무관학교)를 향해 먼 길을 떠났다. 어느 날 평북 창성에서 아침밥을 먹고 있을 때였다. 일행 중 한 명이 고추장을 달라고 했는데 주인이 고추장이란 말을 못 알아들었다. 고추장을 모르다니? 어찌 같은 조선 사람이 고추장을 모른단 말인가? 알고 보니 주인은 고추장을 모르는 게 아니었다. 창성 지방에서는 고추장을 '댕가지장'이라 불렀기에 알아듣지 못했던 것이다. 이극로는 생각했다.

'사투리 때문에 고추장도 서로 통하지 않으니 참으로 답답하다. 같은 조선 사람들끼리 쓰는 말부터 한 가지로 통일해야 한다!'[3]

신흥학교를 찾아가던 중 이극로는 동창학교에서 교원으로 일하게 되었다. 동창학교는 대종교의 윤세용, 윤세복 형제가 인재를 양성하기 위해

1911년 만주 환런현桓仁縣에 설립한 학교로, 100명 내외의 이주 동포 자제들이 공부하고 있었다. 이극로는 이곳에서 윤세복, 교사 박은식 등과 인연을 맺었으며, 주시경을 사사한 동료 교사 김진을 만나면서 한글 연구의 기초를 닦을 수 있었다.

그의 한글 연구가 더욱 본격화된 것은 1919년 상하이에서 주시경의 수제자 김두봉을 만나면서다. 3·1운동 직후 상하이로 망명한 김두봉은 동포 청년들에게 독립 정신을 고취하는 교육 사업에 종사하면서 한글 연구에 심혈을 기울이고 있었고, 한글 자모 분할체 활자를 만들기 위해 상무인서관(상하이에 있던 중국 최대 출판사) 인쇄소에 들락거리고 있었다. 이극로는 김두봉을 도와 함께 인쇄소를 출입하면서 한글 연구에 폭과 깊이를 더했고, 주시경의 사상과 학설을 받아들였다.

이극로는 독일에서 유학할 때 대학 안에 조선어과를 설치하여 3년 동안 독일인, 러시아인, 네덜란드인 등에게 조선어를 가르쳤다. 이때 상하이의 김두봉에게 편지를 띄워 한글 자모 활자를 보내줄 것을 부탁했고, 얼마 뒤 활자 한 벌을 받았다. 이극로는 그것을 본떠서 4호 활자를 만들었고, 『동방어학부 연감』에 「허생전」 몇 장을 인쇄해 실었다. 1923년 독일 국립인쇄소에서 만든 이 활자가 서양에서 최초로 제작된 한글 활자였다.

조선어학과에서 조선어를 가르치던 이극로에게 학생들이 물었다.

"왜 조선 글자는 철자법이 중구난방입니까? 사전이 없다니 정말입니까?"

조선어를 공부하면서 겪는 혼란 속에서 나온 당연한 의문이자 질문이었지만, 이극로는 어찌 대답해야 할지 몰라 당황했다. 변변한 철자법이 없어 일정하게 적기 어려운 표기 문제도 그렇고, 사전조차 없다는 부끄러움에 얼굴이 벌게졌다.

1927년 6월 영국 런던으로 건너간 이극로는 그해 11월에 런던대학 정치경제학부에 입학해 한 학기 동안 연구생으로 공부했다. 1928년 6월 아일랜드를 방문할 기회가 있었는데, 아일랜드 사람들이 모국어 대신 영어를 공용어로 사용하고 간판이나 도로표지 등이 모두 영어로 표기된 것을 발견하고는 '우리도 이런 신세가 되지 않을까?' 탄식했다. 조선어의 안타까운 운명을 예감한 이극로는 '귀국하면 모국어를 지키는 일에 평생을 바치겠다'고 결심했다.

얼마 뒤 귀국길에 오른 이극로는 미국에 들러 한인 지도자들을 만났다. 뉴욕에서 장덕수, 한상억, 허정 등을, 필라델피아에서는 서재필, 하와이에서는 이승만을 만났다. 장덕수가 '귀국하면 무엇을 할 계획이냐'고 물었을 때, 이극로는 조금도 주저하지 않고 '조선어사전'을 만들 거라고 대답했다. 이극로는 사전 편찬을 시급한 민족적 과제로 생각했고, 어문운동을 통해 조선인들에게 민족의식을 불어넣고 민족 혁명의 기초를 세워야겠다고 결심하고 있었다.

1912년에 조선을 떠난 이극로는 중국과 독일, 영국 유학을 마치고 지구를 한 바퀴 돌아 귀국했다. 지금도 유학은 돈이 있어야 가는 것이라 생각한다. 19세기 말 일본으로 유학을 떠났던 학생들은 고관대작이나 부잣집 자제가 대부분이었다. 미국으로 유학을 떠난 이들은 대부분 교회의 지원과 도움을 받았다. 낯선 타국에서 공부하는 것 자체가 고달픈 일이었지만, 어쨌든 이들에게는 경제적으로 뒷받침해줄 집안이나 수호천사가 있었다.

이극로는 경상남도 의령의 가난한 농가에서 태어나 돈 한 푼 없이 빈손으로 조국을 떠났다. 거센 바람이 하루 종일 윙윙거리는 거친 벌판을 무소의 뿔처럼 혼자서 걸었다. 훗날 천만다행으로 고향 선배 이우식의 도움을 받았지만, 17년간의 여정은 한마디로 개척자의 삶이었다. '무슨 일에나 먼저 예산을 세우고 시작한 일은 없다. 다만 먼저 뜻을 세울 뿐이다. 그러니 나의 생활은 언제나 모험이다'[4]라고 스스로 회고했듯이 그의 삶은 도전과 모험의 연속이었다.

이극로는 오로지 뜻과 굳은 의지로 살아왔다. 시련과 고난은 극복의 대상일 뿐이었다. 이극로의 호는 온 백성이 골고루 잘 사는 정의로운 세상을 꿈꾼다는 뜻의 '고루'였지만, 사람들은 그를 '물불'이라고도 불렀다. 하고 싶은 일은 물불을 가리지 않고 실행하는 열정의 화신인 그에게 안성맞춤인 별명이었다. 백절불굴의 사나이 이극로가 사전 편찬의 꿈을 품고 조선어연구회에 들어갔으니, 연구회의 활동은 비단 연구나 저술에만 머무를 수 없었다. 훈민정음 반포 483주년에 해당하는 1929년 10월 31일 오후 7시, 조선교육협회에서 열린 한글날 기념식에서 연구회가 중심이 되어 사회 각계 인사 108인이 참여한 '조선어사전편찬회'가 조직되었다.

닻 올린 조선어사전편찬회

사전편찬회에는 사회 각 분야의 저명인사 108인이 발기인으로 참여했다. 조선어연구회 회원을 비롯해 김두봉, 김미리사, 김성수, 김활란, 박승빈, 박희도, 방정환, 백관수, 백낙준, 백남훈, 변영로, 송진우, 안재홍, 안희제, 양주동, 염상섭, 유억겸, 유진태, 윤치호, 이광수, 이은상, 전영택, 정인보, 조만식, 주요한, 지석영, 최린, 허헌, 현진건, 홍기문, 홍명희 등 익숙한 이름들이 눈에 들어온다. 정치·사회·교육·문학·언론 등 다방면의 인사들이 뜻을 함께했다는 것은 사전 편찬이 단순히 '사전을 만드는 일'이 아니라, '일제의 통치 아래에서 민족의 정신을 지키는 대사업'이었음을 의미한다. 이는 이은상이 작성한 취지서에서도 확인할 수 있다.[5]

오늘날 세계적으로 낙오된 조선 민족의 갱생할 첩경은 문화의 향상과 보급을 급무로 하지 않을 수 없는 것이요, 문화를 촉성하는 방편으로는 문화의 기초가 되는 언어의 정리와 통일을 급속히 꾀하지 않을 수 없는 것이다. 그를 실천할 최선의 방책은 사전을 편성함에 있는 것이다.[6]

낙오된 조선 민족은 일제의 식민지 백성이 된 조선인을 뜻하고, 갱생할 첩경은 다시 살아나는 것이니 이는 곧 독립을 뜻한다. 표현만 다를 뿐 3·1

운동 때 나온 독립선언과 다를 바 없다.

이들은 문화의 기초가 되는 언어를 정리하고 통일하는 것이 독립의 지름 길이라 선언하면서, 그 최선의 방법이 사전 편찬이라 했다. 그들은 언어와 겨레의 운명을 하나로 보았고, 사전을 만듦으로써 민족어를 보존하고 문화 의 기초를 세워 독립을 이루고자 했다. 취지서에 담긴 이 엄청난 이야기는 당시에는 문제가 되지 않았지만, 훗날 조선어학회사건이 터졌을 때 유죄 판결로 가는 불씨가 되었다.

반세기에 가까운 역사를 품고 살아온 조선인들에게 사전 하나 없는 현실 은 언어도단이었다. 사전은 단순히 말의 뜻을 풀이하는 책이 아니다. 그 말 을 쓰는 사람들의 역사와 문화의 총체이자 근대와 문명의 상징이다. 식민 지 조선에서 1929년 조선어사전편찬회가 만들어졌다는 것은 어쩌면 역 사의 역설일지도 모른다. 발기인 108인은 위기 속에서 기회를 만들어냈으 며, 다수가 편찬회의 위원과 상무위원으로 참여해 사전 편찬을 위한 실무 에 뛰어들었다.

조선어사전편찬회 위원

박승빈, 유억겸, 최두선, 안재홍, 주요한, 이시목, 정인보, 방정환, 이광수, 로기정 / 권덕규, 최현배, 장지영, 이상춘, 이병기, 김법린, 정열모, 이중건, 신명균, 이윤재, 이극로(권덕규부터는 조선어연구회 회원)

조선어사전편찬회 상무위원

경리부 상무: 이중건, 편집부 상무: 이극로, 연구부 상무: 최현배,

조사부 상무: 신명균, 교양부 상무: 정인보, 출판부 상무: 이윤재

(정인보를 제외하고 모두 조선어연구회 회원)

머지않아 우리말 사전을 가질 수 있다는 부푼 꿈과 열망을 안고 조선어
사전편찬회가 닻을 올렸다. 민족지사들의 일거수일투족에 촉각을 곤두세
우고 있던 일제가 편찬회의 활동을 호시탐탐 감시했지만, 편찬회는 기우뚱
거리는 조종간을 단단히 움켜쥐고 거친 파도를 헤쳐 나아갔다.

전 재산을 민족을 위해 바치다

1931년 1월 6일 편찬회는 지난 1년여 동안의 활동을 점검하면서, 사전
편찬을 원활히 하고 속도를 높이기 위해 조직을 정비했다. 새 규약을 만들
어 위원 열세 명을 추가했고, 상무위원의 명칭도 간사로 바꾸었으며, 회장
으로 이우식을 선출했다.

회장: 이우식

새로 들어온 위원: 김병규, 김상호, 김윤경, 김철두, 명도석,

백낙준, 윤병호, 이만규, 이순탁, 이우식, 이형재, 이희승, 조만식
간사: 이극로(간사장), 이중건, 신명균, 최현배, 이윤재[7]

회장에 선출된 이우식은 1891년생으로 이극로보다 두 살이 많았다. 경남 의령의 만석꾼 집안에서 태어나 경제적으로는 부족할 것이 없었다. 3·1운동 때 의령읍 장날 만세시위를 주동했고, 일경의 수사망을 피해 상하이로 망명했다. 1920년 귀국한 후 안희제, 최준 등이 설립한 백산무역주식회사에 참여하여 임시정부의 독립운동 자금을 조달했다. 이우식의 활동은 이후에도 거침이 없었다. 1926년 서울에서 시대일보사, 1927년 중외일보사를 설립하여 민족의식 고취를 위해 노력했으며, 1929년 편찬회에 참여한 것을 인연으로 조선어학회의 후원자로서 온갖 지원을 아끼지 않았다.

이우식이 사전편찬회에 참여한 것은 고향 후배 이극로와의 인연 때문이었다. 1915년 겨울, 이우식은 이극로가 서간도에 있다는 사실을 알고 상하이에 와서 공부하라는 전갈을 보냈다. 그리고 1916년 이극로가 퉁지同濟대학에 입학하여 고학으로 학업을 이어갈 때부터 학자금을 지원했으며, 1922년부터 1927년까지 독일에서 유학할 때도 학비를 보내주었다. 이런 인연으로 1929년 10월 31일, 이우식은 이극로가 위원으로 있는 편찬회에 발기인으로 참여했으며, 1931년 1월 6일 편찬회 회장이 된 것이다.

학회는 사전 편찬에 소요되는 막대한 자금을 조달하느라 애를 먹고 있었다. 이때 도움의 손길을 내민 사람이 바로 이우식이었다. 1936년 봄, 그는

장현식, 민영욱, 김양수, 김도연, 서민호, 신윤국(신현모), 임혁규, 김종철, 이인, 설태희, 설원식, 윤홍섭, 조병식 등 뜻있는 민족지사들을 움직여 '조선어사전편찬후원회'를 조직했고, 1936년에 이우식이 1만 원, 1936년부터 1939년까지 후원회가 1만 원을 기부했다.

목표한 3년이 지났지만 사전 편찬 사업은 계속되었고, 기간이 늘어나는 만큼 추가 예산이 필요했다. 1940년 3월 12일 조선총독부 도서과에서 출판 허가를 내주었을 때도 자금난은 심각했다. 이때도 이우식이 나섰다. 그는 돈 걱정은 말고 전력을 다해 사전을 만들어달라며, 4월부터 매달 250원을 후원했다. 당시 사전 편찬원 정태진의 월급이 50원이었으니, 조선어학회 직원 다섯 명의 월급을 책임진 셈이었다.

1936년 조선어학회가 민립대학에 해당하는 '양사원' 설립을 추진할 때도 이우식은 이극로, 이희승, 이인 등에게 전 재산을 희사하겠다며 각서를 썼다.[8] 1920년대 후반 경성방직 여공의 한 달 임금이 21원 정도였으니, 1만 원은 실로 거금이었다. 당시 돈을 지금의 가치로 환산하는 것은 쉽지 않지만, 한 달 임금 21원을 요즘 근로자 임금 200만 원으로 환산한다면, 1만 원은 10억 원 정도가 될 것이다.

교사 월급으로 보면 어떨까? 함흥 영생고등여학교 근무 당시 정태진의 월급은 115원이었다.[9] 2018년 1월 18일자로 개정된 '유치원·초등학교·중학교·고등학교 교원 등의 봉급표'에 따르면, 중간쯤에 해당하는 22호봉이 310만 8,800원이다. 115≒3,108,800원이라면 10,000≒

조선어사전편찬후원회 회원(*표시)과 후원자들

이름	학력	배경, 경력, 활동
김도연*	게이오대학, 컬럼비아대학	연희전문학교 교수, 조선흥업주식회사 경영, 2·8독립선언 참여
김양수*	와세다대학, 컬럼비아대학	《동아일보》주주 및 논설반장, 《삼일신보》 발간(미국)
김종철*	와세다대학, 미국 유학	재산가, 《삼일신보》 발간(미국), 수양동우회
민영욱*		
서민호*	와세다대학, 컬럼비아대학	대지주, 도쿄에서 6·10만세운동 참여, 송명학교 설립(전남 벌교)
설원식*		
설태희*		한말 군수, 조선물산장려회 이사
신윤국* (신현모)	라이더대학	대한인국민회, 흥사단, 조선흥업주식회사, 수양동우회, 표준어 사정위원
윤홍섭*	컬럼비아대학	재류한인산업협회
이우식*	도요대학	대지주 겸 자본가. 백산무역주식회사 대주주로서 임시정부 후원. 경남은행, 《시대일보》《중외일보》 설립.
이인*	니혼대학, 메이지대학	변호사, 조선기념도서출판관 지원
임혁규*		
장현식*	한학 수학, 와세다대학 중퇴	지주, 대동단 자금 지원, 표준어 제정 사정위원, 《동아일보》 감사역
조병식*		
공진항(공탁)	소르본대학(사회학 박사)	자산가, 만주 오가자농장 개척, 만몽산업주식회사 설립

서승효	보성전문, 와세다대학	대한학회, 대한흥학회, 신흥강습소 교원, 《매일신보》《조선일보》《중외일보》기자
안재홍	와세다대학	대한민국청년외교단, 신간회, 사전편찬회 준비위원, 표준어 사정위원
안호상	독일 예나대학(철학 박사)	보성전문 교수, 양사원 설립 논의
윤병호	보성전문, 와세다대학	대지주, 대동청년당과 임시정부에서 활동, 백산무역주식회사 설립, 사전편찬회 발기인
정세권	진주사범학교	하이면 면장, 건축업자, 조선물산장려회

270,330,000원이 된다. 정태진은 1931년 6월 3일 미국 컬럼비아대학에서 교육학 석사 학위를 받고 9월에 귀국하여 함흥 영생여자고등보통학교의 교원(교무주임)이 되었으니 좋은 대우를 받았으리라 가정하고 현재 최고 호봉인 40호봉으로 계산하면, 115≒5,167,000원이니 10,000≒449,340,000원이 된다.

1930년대 소 값으로 보면 어떨까? 1933년 4월 소 한 마리 값은 72원 정도였다. 2016년 5월 음성군의 한 농협 축산물 공판장 경매에서 낙찰된 한우 최고가가 1,390만 원이었다고 하니, 평균 천만 원으로 치면 72≒10,000,000이고 10,000≒1,388,880,000이다.[10] 집값으로 따져보면 어떨까? 1940년 6월 6일 《동아일보》에 따르면, 당시 경성에는 집 한 채 가격이 평균 700~800원이고, 천 원을 넘는 경우도 있었다.[11] 그렇다면 1만 원은 집 열 채 값이니 요즘 서울 아파트 3억 원짜리 열 채로 환산하면 30억 원에 해당한다.

1만 원은 요즘으로 치면 5억~30억 원 정도에 해당하는 거금이다. 자신의 안위나 부귀영화를 누리기 위해 나라를 팔아먹고 민족을 배신한 대가로 권력과 부를 축적한 악취 나는 친일파도 있었지만, 전 재산을 민족을 위해 쓴 대가로 일제의 탄압을 받고 조선어학회사건 때 회원들과 수난을 당한 이우식 같은 애국자도 있었다.

'엉덩이'와 '궁둥이', '궁디'와 '응디'

조선어사전 편찬은 조선 사람들이 쓰는 말을 모두 모아, 낱말의 뜻을 풀이하고 정리하는 일이다. 그렇지만 사전은 단순히 낱말 풀이의 기능만 하지 않는다. 그 언어를 쓰는 공동체가 일구어온 역사와 문화, 철학과 사상, 지적 성취와 생활 방식 등등 모든 것을 담은 언어의 그릇이자 문명의 보고다.

'화랑'은 그림 등 미술품을 전시하는 공간을 의미하기도 하고, 신라시대 젊은이들의 수양 단체를 지칭하는 동시에 그 단체의 우두머리를 뜻한다. '화랑'이란 낱말 하나에도 여러 가지 의미가 있으며, 이 말의 존재로 우리는 미술품을 감상하고 사고파는 문화가 있음을 알게 되고, 신라의 역사와 청춘들의 생활상을 살필 수도 있다. 즉 사전은 인류가 이룩한 성취와 결과를 담는 용기다.

그런데 일상에서는 사용하지만 사전에는 나오지 않는 말들도 있다. 영화 〈말모이〉에는 표준어와 사투리를 구분 짓는 공청회를 여는 장면이 나온다. '엉덩이'와 '궁둥이'의 차이는 뭘까? 배우 유해진(김판수 역)이 엉덩이에 분 필을 묻히고는 묻은 부분과 묻지 않은 부분을 엉덩이와 궁둥이로 명쾌 통 쾌 유쾌하게 구분했다. 실제로 엉덩이와 궁둥이를 구분하는 것은 조선어사 전 편찬원들에게도 쉬운 일이 아니었다.

> 가: 엉덩이하고 궁둥이는 다른 건가요?
>
> 나: 엉덩이가 위고 궁둥이가 아래 아닐까요?
>
> 다: 그러면 볼기는 어디를 말하는 걸까요?
>
> 나: 그야 뒤쪽 허리 아래, 허벅다리 위 좌우 쪽으로 살이 두둑한 부분이 볼기죠.
>
> 다: 볼기는 뒤쪽 허리 아래, 허벅다리 위 좌우 쪽으로 살이 두둑한 부분이고, 엉덩이는 볼기의 위의 부분이라! 그럼 궁둥이는 엉 덩이 아래가 되는 건가요?
>
> 가: 자자, 정리를 해봅시다. 그러니까 볼기는 '뒤쪽 허리 아래, 허 벅다리 위 좌우 쪽으로 살이 두둑한 부분'이고, 엉덩이는 '볼 기의 위의 부분'이라고 하고, 궁둥이는 '엉덩이 아래로서 앉으 면 바닥에 닿는 부분'이 되겠군요.

나: 좋습니다. 그렇게 풀이를 하지요!

다: 저기요, 그런데 응뎅이나 궁뎅이, 궁디, 응디 같은 말들은 어떻게 해야 하나요?

가: ?????????

올림말을 엉덩이와 궁둥이로 정해도 사투리나 비속어, 유사어, 관련어 등 해결해야 할 문제가 하나둘이 아니다. 지금도 일상에서 궁뎅이, 방뎅이 등이 궁둥이와 마찬가지로 쓰이고 있고, 엉뎅이와 응뎅이는 엉덩이의 사투리나 비표준어로 사용되고 있다. '궁디'는 궁둥이의 경상도 사투리인데, 궁디와 비슷하게 쓰는 '응디'는 웅덩이의 방언이라고 한다. 사람들은 응디를 궁디와 마찬가지로 궁둥이나 엉덩이의 사투리쯤으로 생각하지만 사전에 따르면 응디는 궁디, 궁둥이, 엉덩이와는 전혀 관계가 없는 말이다. 방뎅이와 비슷한 '방둥이'는 길짐승의 엉덩이, 사람의 엉덩이를 속되게 이르는 말인데 주로 여성의 엉덩이를 가리킬 때 쓴다. '방디'는 방둥이의 사투리다. 말이란 이렇게 넓고 깊고 높고 크고 오묘한 것이다.

말모이의 첫걸음은 당연히 말을 모으는 것이다. 세상에 있는 모든 말들을 다 모아야 한다. 다음으로 그 말들을 하나하나 기록하고 저장하는 낱말카드를 정밀하고 꼼꼼하게 작성해야 한다. 이를 위해 조선어학회는 캐나다 출신 선교사 제임스 스카트 게일이 만든 『한영자전』(1897)과 조선총독부 중추원에서 펴낸 『조선어사전』(1920)에 수록된 어휘를 모두 수용하고, 이

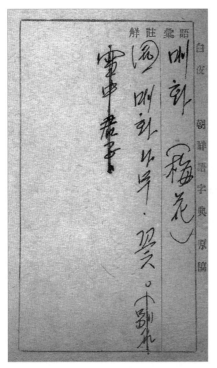

당시 학회가 만들었던 조선어사전(훗날 『큰사전』으로 출간) 낱말카드는 남아 있는 것이 없고 사진 자료도 없다. 사진은 학회 회원이자 조선어사전편찬회 위원 중 한 사람인 백야 이상춘이 개인적으로 작성한 조선어자전 원고(낱말카드)다. (한글학회 제공)

상춘으로부터 사전 원고를 기증받았으며, 신문·잡지·소설·시·역사 문헌 등등 온갖 자료들에서 어휘를 수집했다.[12]

보통 낱말카드를 작성하면서 올림말을 선정한다. 이 과정에서 아쉽게도 사전에 오르지 못하는 말들이 생긴다. 그렇다고 해서 그 말 자체가 사라지는 것은 아니지만, 오랜 세월이 흐르면 잊힐 수도 있다. 거꾸로 사전에 오른 말이라고 해서 사람들이 모두 기억하고 사용하는 것도 아니다. 어떤 말들은 10년이 지나도록 한 번도 꺼내 입지 않은 묵은 옷처럼, 그저 사전의 한

귀퉁이를 차지할 수도 있다. 어른 앞에서 버릇없고 공손하지 못한 태도를 이르는 '볼강스럽다', 만남과 헤어짐을 뜻하는 '봉별' 같은 말은 들어본 적도 써본 적도 없을 것이다. 사전에 수록된다는 것은 그 사회로부터 공인받는 것을 의미하지만, 그렇다고 해서 영생이 보장되지는 않는다.

올림말이 정해지면 각각의 낱말에 풀이를 다는 작업을 한다. 쉽게 정의할 수 있는 말도 있겠지만, 대부분은 '엉덩이'와 '궁둥이'처럼 편찬원들 사이에 다양한 의론이 펼쳐진다. 의견이 모아지고 심사숙고 끝에 결론이 나면 그제야 최종 원고를 정리하고 편집한다. 완성된 원고를 두 번 세 번 검토하는 일, 낱말의 보이기 순서를 정하는 일 등 편집 과정에서 해야 하는 엄청난 일들은 직접 겪지 않아도 짐작은 할 수 있다.

세상과 언어에 대한 방대한 지식과 지혜, 인내와 끈기를 요구하는 지루한 작업을 끊임없이 반복하며 조선어사전 편찬원들은 칠흑같이 캄캄한 밤을 하얗게 새우곤 했다.

조선어의 근대화, 민족어 3대 규범을 만들다

1930년 1월 6일 조선어사전편찬회의 간사들이 모여 업무를 분담했다. 어휘 수집, 풀이, 편집은 편찬회가 맡고, 철자법 통일과 표준어 조사·선정은 조선어연구회가 맡았다. 사전을 만들려면 표준어 선정과 철자법 정리가 필수적이었다. 표준어를 정해야 사투리나 비속어 등과 구분 지을 수 있고 올림말을 정할 수 있으며, 철자법이 정리되어야 일정한 규칙에 따라 풀이를 할 수 있었다.

1930년 12월 13일 조선어연구회 임시총회에서 '조선어철자 통일위원회'를 구성했고, 1931년 1월 24일 '외래어 표기법 및 부수 문제 협의회'를 통해 모든 문제를 조선어학회가 담당하게 되었다. 1934년 12월 2일에는 '조선어 표준어 사정위원회'가 구성되었다. 이렇게 표준어와 비표준어의 구분도, 철자법도 없이 제멋대로 쓰이던 조선어를 질서 정연하고 논리적이며 과학적인 체계를 가진 근대적 언어로 정비하는 대사업이 시작됐다.

우리 겨레 최초의 철자법, 「한글 마춤법 통일안」[13]

맨 먼저 빛을 본 것은 1933년 10월 29일 한글날에 발표된 「한글 마춤법 통일안」(이하 「통일안」)이었다. 「통일안」 관련 회의는 1930년 12월 13일 제1독회를 시작으로 1933년 10월 19일 마지막 독회까지 모두 136차례 열렸고, 소요된 시간은 442시간 40분이었다. 권덕규, 김윤경, 박현식, 신명균, 이병기, 이희승, 이윤재, 장지영, 정인섭, 최현배, 정열모, 이극로, 이만규, 이세정, 이상춘, 이탁, 이갑, 김선기 등 모두 열여덟 명이 제정위원으로 참여했다.

조선어철자 통일위원회에 대한 사회의 관심도 높았다. 1932년 12월 개성 고려청년회관에서 열린 전체 회의 독회 때는 숙박비, 회의비, 차비 등 일체 경비를 개성의 유지 공탁(공진항: 실업가, 훗날 대한민국 제4대 농림부장관)이 부담했다. 개성의 유지들은 따로 만찬 초대회도 열어 위원회를 격려했다. 각 신문사 지국은 회의 주선과 관련된 일체를 후원했고, 한성도서주식회사는 회의 자료 초안의 인쇄를 맡았다. 이처럼 철자법 통일 문제는 학회 홀로 하는 사업이 아닌 전 조선 민족이 대동단결한 민족적 사업이었다.

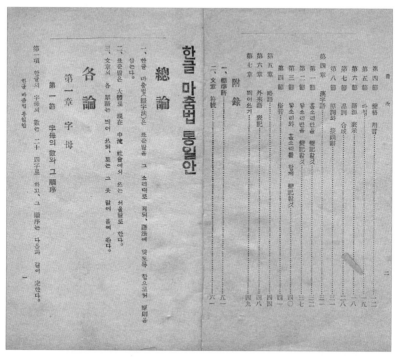

「한글 마춤법 통일안」. (한글학회 제공)

1933년 7월 26일부터 8월 3일까지 고양군 수유리 화계사에서 열린 2차 독회에서는 14회 54시간에 걸쳐 수정위원회의를 진행했는데, 사안에 따라서는 몸싸움에 가까운 격렬한 토론이 벌어졌다. 모두 한 배를 탄 동지였지만, 학리적으로 의견이 충돌하면 한 치의 양보도 없이 팽팽하게 맞섰다. 논쟁이 차분하게 진행되다가 어느새 고성이 오가고 얼굴은 붉으락푸르락, 목에는 핏대가 돋았지만, 다수의 의견을 물어 합의를 본 후에는 다들 깨끗하게 승복했다. 이때도 김성수, 송진우와 익명의 후원자가 있었으며 회의에 소용되는 모든 인쇄물은 한성도서주식회사가 담당했다.

1933년 8월 23일부터 10월 17일까지 마지막 정리위원회의를 가진 후 10월 19일 최종안을 보고했고, 마지막으로 열두 군데를 수정한 다음 「통일안」은 만장일치로 통과되었다. 「통일안」의 탄생은, 만 3년에 이르는 긴 시간 동안 조선어에 가장 적합하고 가장 편리한 철자법을 만들기 위해 심혈을 기울인 제정위원들뿐만 아니라, 사회 각계의 성원과 후원이 있었기에 가능했다.

1933년 10월 29일 「통일안」이 발표되었을 때 《동아일보》 사장 송진우를 비롯해 주요한, 조동식, 조병옥, 이운형 등이 축사를 했다. 《동아일보》는 '조선 문화사상 잊지 못할 날이며 영원히 기억해야 할 날'이라며 '우리 겨레 최초의 철자법이 완벽한 것일 수는 없겠지만 어문 생활의 기초가 되는 겨레말의 표기법이 마련됨으로써 비로소 말글살이의 합리적 처리가 가능해졌다'고 보도했다.[14]

여론은 호의적이었다. 《동아일보》 《조선일보》는 「통일안」 전문을 인쇄하여 전국에 배포했고 《조선중앙일보》도 「통일안」 지지를 호소했다. 각계 인사 70여 명이 『한글』에 축하와 격려의 글을 보내왔다. 박승빈의 '조선어학연구회'에서 「통일안」을 비판하고 반대 운동을 펼쳤지만, 1934년 7월 9일 문예가 78명이 「통일안」 지지 성명서를 발표하자 각지에서 호응했다. 학설상 이견으로 인해 「통일안」 비판에 나선 박승빈 학파의 공격이 매섭긴

했지만 언중은 조선어학회의 손을 들어주었다.

두음법칙과 사이시옷, 그리고 띄어쓰기

주시경 학파는 표의주의를 지향했고, 박승빈 학파는 표음주의를 지향했다. 표의주의자들은 소리가 같더라도 뜻의 차이에 따라 형태를 고정해 적어야 한다고 주장했고, 표음주의자들은 소리 나는 대로 적어야 한다고 주장했다. 「통일안」에 따르면 '곧 도착하는 곳이 장산곶입니다'라고 적을 수 있고, 표음주의자들의 학리에 따르면 '곳 도착하는 곳이 장산곶입니다'라고 적을 수 있다. 간단히 비교해도 양쪽 주장의 요점과 차이를 발견할 수 있다.

표의주의	넋-값 / 넋이, 값이	앉아, 앉아서, 앉으며	먹자, 먹으며, 먹으니, 먹어라
표음주의	넉-갑 / 넉시, 갑시	안자, 안자서, 안즈며	먹자, 머그며, 머그니, 머거라

박승빈식 표음주의는 요즘도 인터넷상에서 쉽게 발견할 수 있다. '밥 머건니? 안 머거써? 그럼 얼능 머거라'처럼 소리 나는 대로 글을 쓰는 이들이 적지 않다. 이런 식으로 글을 편하게 쓰는 이들은 '표음주의가 편하고 좋은 거 아니야?'라고 할 수도 있겠지만, 조금만 깊이 생각해보면 문제가 간단치 않음을 알 수 있을 것이다. 일정하게 형태를 고정하지 않을 경우, 쓰는 사람

에 따라서 제각각 다르게 표기할 수 있기 때문이다. 방금 읽은 글의 뒷 부분을 소리 나는 대로 써보자.

조금만 기피(깁피) 생가케(생각케)보면 문제가 간단치(간딴치) 아느믈 알 수(쑤) 이쓸(잇쓸) 거시다. 일정하게(일쩡하게) 형태를 고정하지 아 늘 경우, 쓰는 사라메 따라서 제가깍(제각깍) 다르게 표기(표기)할 수 (쑤) 잇끼(이끼) 때무니다.

이런 식이라면 신문도 잡지도 교과서도 중구난방이 될 것이다. 주시경 학파의 표의주의가 승리한 이유도 여기에 있다. 당시 국어학자가 아니어도 철자법에 대해서는 사회 각 분야에서 큰 관심을 보였으며, 특히 문화인·문 필가·교육자를 비롯한 언중은 조선어학회의 표의식 철자법에 공감했다. 그리하여 「통일안」이 사회적으로 받아들여졌다. 그럼에도 언론에서 '「통 일안」이 완벽한 것일 수는 없겠지만 어문 생활의 기초가 되는 겨레말의 표 기법'이라고 지적했듯이 「통일안」이 완벽한 것은 아니었다.

두음법칙은 일부 소리가 단어의 첫머리에 발음되는 것을 꺼려, 나타나 지 않거나 다른 소리로 발음되는 것이다. 두음법칙을 표기법으로 정한 것 이 「통일안」이었다. 이에 따라 한자음의 '냐, 녀, 뇨, 뉴, 니' 등이 낱말의 첫머 리에 올 때 '야, 여, 요, 유, 이'로 적고, 한자음의 '랴, 려, 료, 류, 리, 례' 등이 낱 말의 첫머리에 올 때에도 '야, 여, 요, 유, 이, 예' 등으로 적게 되었다. 즉 '녀성,

닉명'은 '여성, 익명'으로, '량심, 력사, 료리' 등은 '양심, 역사, 요리'로 적는다.

그런데 세상 모든 일에는 예외가 있듯이 두음법칙에도 예외가 있다. 의존명사 '리'는 본디 한자음 '리理'를 그대로 써 '그럴 리가 없다'라고 적는다. 이뿐만 아니라 'ㄹ'이 첫소리에 오더라도 외래어인 경우에는 그대로 적도록 해서, '라디오, 리본, 로션, 리스본' 등으로 쓴다. 여기서 자연스레 '한자음의 첫머리에 오는 ㄴ과 ㄹ은 발음하기 불편하고, 영어 등 외래어의 첫소리에 오는 ㄴ과 ㄹ은 불편하지 않다는 것인가?'라는 의문이 생긴다. 한자음이든 외래어든 발음하기 불편한 것은 마찬가지 아닐까? 다소 불편하더라도 두음법칙 없이 원음대로 발음하는 게 바람직하지 않았을까? 알다시피 북한어에는 두음법칙이 없어서 본디 한자음대로 '로동, 리발소, 련락, 닉명, 녀성'처럼 ㄴ과 ㄹ을 그대로 적는다. '노동'과 '연락'에 익숙한 남한 사람들에게는 몹시 낯설게 느껴지겠지만, 북한 사람들은 그 반대일 것이다.

'겹이름씨나 또는 겹이름씨에 준할 만한 말의 끝소리가 홀소리인 경우는 ㅅ을 받치어 적고, 닿소리인 경우는 이를 표시하지 아니한다'라는 '사이시옷 적기'도 까다로운 규정 중 하나다. 사이시옷은 두 낱말이 하나의 낱말, 즉 합성명사가 될 때 덧나는 소리를 확실하게 표기하기 위한 것이지만, 내용이 상당히 복잡하다.

| 내+가=냇가 | 초+불=촛불 | 예사+일=예삿일 | 이+몸=잇몸 |

문제는 사이시옷을 바르게 적기가 몹시 어렵다는 점이다. 많은 사람들이 '장마비'와 '장맛비', '담배갑'과 '담뱃갑', '고기국'과 '고깃국' 사이에서 고민한다. 규칙이 이러하니 '장맛비' '담뱃갑' '고깃국'이 올바른 표기라 해도, 여전히 헷갈리는 경우가 많아 고민하게 된다. 그런데 이 '사이시옷 적기'도 북한어에는 없다. 우리에게 익숙한 '샛별' '혼잣말' '바닷가' 등을 북한에서는 '새별' '혼자말' '바다가'라고 쓴다. 이러한 점은 2018년 10월 7일자《대구일보》에 〈두음법칙·사이시옷 없는 북한… 같고도 다른 민족어〉라는 제목의 기사에 실린 대조표로 한눈에 확인할 수 있다.

	우리나라	북한
	여자	녀자
	연세	년세
	낙원	락원
두음법칙	내일	래일
	노동	로동
	용궁	룡궁
	이발	리발
	나뭇가지	나무가지
	바닷가	바다가
	콧물	코물
사이시옷	등굣길	등교길
	햇빛	해빛
	깃발	기발
	핏줄	피줄

나라말이 사라진 날

이처럼 한국인은 두음법칙과 사이시옷 적기에 따라 글쓰기를 하고 있다. 내용이 까다로워 자주 틀리기도 하고, 대부분 불편해한다. 북한 사람들은 두음법칙과 사이시옷 적기에 구애받지 않고 글을 쓴다. 왠지 북쪽이 편할 것 같다는 생각도 든다. 두음법칙을 없애고 사이시옷 적기를 하지 말자는 주장도 있다. '북한에서는 편하게 쓰는데 우리는 왜 이렇게 복잡한 거지?' 통일을 대비하는 마음으로 이 문제에 대한 해법을 미리 준비해야 한다는 주장은 설득력이 높다. 두음법칙 폐지는 의외로 간단할 수 있다. 그러나 사이시옷 적기를 없애면, '나뭇가지'를 발음할 때 뚜렷하게 들어가는 받침소리[나묻]와 된소리[까지]가 실종된다. 소리는 '나뭇가지[나무까지/나묻까지]'인데 표기는 '나무가지'인 것도 언문이 일치하지 않아 자연스럽지 않다. 진퇴양난이다.

'완벽'이란 말은 있어도 '완벽한 것은 없다'라는 말이 있듯이, 아쉽게도 완벽하지 못한 맞춤법에 대한 불만도 크다. 그중 하나가 띄어쓰기다. 2020년 4월에 발표된 한 설문조사 결과에서 한국인이 가장 헷갈리는 맞춤법 1위는 띄어쓰기였다. 띄어쓰기의 기본은 '단어와 단어를 띄어 쓴다'는 것이다. 이는 1933년에 제정한 「통일안」 총론에 규정돼 있다.

총론 3, 문장의 각 단어는 띄어 쓰되, 토는 그 웃 말에 붙여 쓴다.

각각의 단어는 띄어 쓰지만 토씨(조사)는 앞말에 붙인다고 했다. '띄어쓰

《독립신문》 창간호. '이렇게 구절을 띄어 쓴즉 아무라도 이 신문 보기가 쉽고 신문 속에 있는 말을 자세히 알아보게 함이다'라고 띄어 쓴 이유를 분명하게 밝히고 있다. (한글학회 제공)

기'라는 낱말의 경우는 '띄어쓰기'가 한 단어이기 때문에 붙여 쓰지만, '띄어 쓴다'라고 적을 경우에는 '문장의 각 단어는 띄어 쓴다'는 규정에 따라 띄어 쓴다. '띄어'의 기본형인 '띄다'와 '쓴다'의 기본형 '쓰다'가 한 단어가 아니기 때문이다. '단어이기 때문에'라고 띄어쓰기를 한 이유는 '단어' 뒤에 온 '이기'가 조사이므로 체언인 '단어'에 붙여 쓰는 것이고, '때문에'의 '때문'은 의존명사여서 앞의 말과 띄어 쓰는 것이며, '때문'과 '에'를 붙여 쓰는 것은 '에'가 조사이기 때문이다.

우리말 띄어쓰기는 1896년 창간된 《독립신문》에서 처음 시작했다. 물론 우리말을 띄어 쓴 최초의 문헌 자료는 스코틀랜드 출신의 장로교 선교사로 중국 둥베이東北지방에서 사역을 하던 존 로스John Ross가 쓴 조선어 문법서다. 존 로스는 1872년에 중국으로 건너와 산둥반도 즈푸芝罘에서

존 로스가 쓴 『조선어 첫걸음』.

1910년 은퇴할 때까지 38년 동안 선교사로 활동했다. 1876년 압록강을 건너온 한약 장수 이응찬에게 조선어를 배워 성경을 번역했다. 이성하, 김진기, 백홍준, 서경조 등에게 세례를 주었고, 이를 계기로 『조선어 첫걸음 Corean Primer』(1877)을 썼다.[15]

'너를 밋디 못하갓다' '멧니 길이나 감마' '팔습 오리 감메' 등은 띄어 썼지만, '어듯케왓슴마' '걸어왓슴메' 등은 붙여 썼다. 같은 페이지에서도 일관성이 없다. 아무래도 이 책에 띄어쓰기가 적용된 것은 '조선어는 단어를 띄어 써야 한다'라는 확고한 판단 때문이라기보다는 영어 사용자의 습관에서 비롯했다고 보는 편이 맞을 듯한데, 그조차도 일관되지 않았다. 따라서 띄어쓰기가 합리적인 글쓰기 방식이라는 확신과 편리함을 추구한다는 뚜렷한 원칙에 따른 최초의 주체는 《독립신문》이었고, 주도한 사람은 신문 교보원 주시경이었다.

1933년에 조선어학회가 제정한 「통일안」과 현행 「한글 맞춤법」은 거의 같다. 크게 달라진 것이 없다. 맞춤법이 어렵다는 불평과 불만은 어제오늘 일이 아니다. 그럼에도 1933년 「통일안」을 지금까지 거의 그대로 유지하고 있는 것은, 더 합리적이거나 쉬운 방법을 찾지 못한 까닭이 아닐까? 누군가 쉽고 편한 맞춤법을 고안해낸다면 국어 분야 노벨상이라도 만들어줘야 할 것이다.

한 가지 분명한 사실은 '어법에 맞게 쓰고, 단어를 띄어 쓴다'는 것은 글을 쓰는 이에게는 퍽이나 힘든 일이지만, '어법에 맞게 띄어쓰기를 정확히 한 글'은 독자가 읽기에 쉽고 편하다는 점이다. 띄어쓰기는 글을 쓰는 사람보다는 읽는 사람을 배려하는 마음을 듬뿍 담아 만든 규범이다. 사회적 소통과 대중 계몽, 자주적 문화 창조를 위해 '언어'에 헌신한 주시경의 깊은 뜻이 담긴 규범이라고도 볼 수 있지 않을까.

나라말이 사라진 날

'강아지' : '개새끼', 치열했던 표준말 심사

「통일안」이 만들어짐으로써 사전 편찬의 일보를 내딛은 조선어학회는 곧장 표준어 사정에 들어갔다. 지역마다 쓰는 말이 달라서 소통하는 데 뜻이 통하지 않고 심각한 불편을 겪고 있었기 때문이다. 지금은 해방 이후 교육과 매체의 역할에 힘입어 언어의 통일과 표준화가 상당히 진전된 상황이지만, 과거에는 그렇지 않았다. 1970~1980년대까지만 해도 경상도나 전라도에서 전학 온 친구들과 대화하는 게 매끄럽지 않았다. 사투리와 억양 때문이었다.

1930년대의 상황은 훨씬 더 심각했다. 이극로가 경험했듯이 평안북도 창성 지방에서 '고추장'을 '댕가지장'이라 부르는 것과 마찬가지로, 지역마다 말이 달랐다. 곤충 잠자리를 부르는 말의 경우 까랭이, 나마리, 발가숭이, 안질뱅이, 앉은뱅이, 앉을뱅이, 어러리, 자마리, 잠드레미, 잠마리, 잰자리, 잼자리, 절갱이, 짬자리, 짬잘래, 쨈자리, 철기, 철리, 청랑자, 청령, 청정, 초리, 치렝이 등 무려 24개 이상 있었다고 하니, 어디서든 말로 인한 오해와 다툼(?)이 생길 수밖에 없었을 것이다.

가: 야, 우리 학교 끝나면 앉을뱅이 잡으러 가자.

나: 뭐를 잡으러 가자고?

가: 앉을뱅이 잡으러 가자니까.

나: 앉을뱅이가 뭔데?

가: 바보야, 앉을뱅이도 몰라? 눈 크고 날개 달린 게 꼭 뱅기처럼

  생겨 가지고 윙윙 날아다니는 버러지 있잖아?

나: 뱅기는 뭐고, 버러지는 또 뭐야?

　문제는 24개가 넘는 말들 가운데 어느 하나를 표준으로 삼는 것이 결코 만만한 일이 아니었다는 점이다. 학회는 3차에 걸친 독회를 열어 여러 가지 난제를 해결하고자 했다. 1935년 1월 2~6일 「통일안」 제정위원과 '철자 사전' 편찬위원을 포함해 교육계·종교계·언론계 등 각계 인사들이 모였다. 경기도 출신 19명, 그 외 지역 출신 21명의 해결사가 온양온천에서 열린 표준어 사정 제1독회에 참석해 엄격하게 심사를 진행했다. 낱말 하나도 허투루 다루거나 소홀히 넘기지 않았다. '강아지'와 '개새끼' 중 어느 것을 표준어로 삼을지를 놓고 설왕설래했던 얘기는 신문에 보도될 정도로 유명하다.

　"여러분, 먼저 강아지부터 손드시오."

　장시간의 토론을 마치고 표결이 시작된 것이다. 낱말의 운명을 결정하는 순간이 왔다. '강아지'를 적극 주장하는 위원들이 손을 번쩍 들었다.

　"이번에는 개새끼 손드시오."

강아지보다는 개새끼에 애착이 큰 위원들이 손을 들었다. 강아지와 개새끼! 어느 쪽이 더 많은 표를 얻었을까? 그런데 이 아무개 위원이 어느 편에 손을 들었는지 분명치 않자 사회자가 다시 물었다.

"이 선생은 강아지지요?"

"아니오, 나는 개새끼요."

강아지와 개새끼 덕분에 엄숙하던 회의장이 웃음바다가 되었다.[16]

한바탕 웃음으로 잠시 숨을 돌릴 수 있었지만, 말의 운명을 결정하는 표준어 심사는 신중하고 공정하고 엄정했다. 이런 모임을 열 때마다 비용 조달이 문제였는데, 뜻이 있는 곳에 길이 있듯이 수호천사들이 있었다. 제1독회에 소용된 모든 비용은 건축업자 정세권이 부담했다.

제2독회는 1935년 8월 5~9일 고양군 우이리 천도교 수도원 봉황각에서 열렸다. 경성 24명, 경기도 12명, 그 외 지역에서 34명이 참석했고, 모든 비용은 한상억과 김도연이 부담했다. 제3독회는 1936년 7월 30일부터 8월 1일까지 인천 우각리에 있는 제일공립보통학교에서 열렸으며, 32명의 위원이 참석했다. 그날 그동안 논의된 결과를 정리하고 남은 일은 문세영, 윤복영, 이강래, 이극로, 이만규, 이윤재, 이중화, 이희승, 장지영, 정인승, 최현배 등 11인의 수정위원이 맡았다.

눈여겨볼 부분은 전형위원 선정에서 출신 지역을 크게 신경 썼다는 것이다. 지금도 '왜 서울말이 표준말이어야 하느냐?'라는 불만과 비판이 있

제1독회 당시 현충사에서 찍은 기념사진. 1번 이윤재, 2번 한징, 3번 안재홍, 4번 이숙종, 5번 이희승, 6번 최현배, 7번 장지영, 8번 이극로, 9번 정세권. (한글학회 제공)

다. 이는 「통일안」에서 '표준말은 대체로 현재 중류사회에서 쓰는 서울말로 한다'라고 정의한 데서 기인한다. 표준어 정의가 일본 '국어조사위원회'가 1906년에 제정한 「구어법조사보고서」의 '오늘날 동경에서 교육을 받은 사람들 사이에서 말해지는 구어를 표준으로 규정한다'라는 대목과 흡사하다며 표준어 규정을 문제 삼는 이들도 적지 않았다.[17]

「통일안」을 제정할 때나 표준말을 사정할 때 전문가들도 이 문제 때문에 크게 고심했다. 그랬기 때문에 『사정한 조선어 표준말 모음』에서 상용어와 유의어를 중심으로 표준말을 선정하면서도 보편성이 있는 시골말을 참작했다. 당시 학회 및 사정위원들의 의견은 「통일안」 제정 때 표준말을 중류의 서울 사람들이 쓰는 말이라고 규정한 것에 대한 최현배의 설명에서도 확인할 수 있다.

> 「方言」은 곧 「地方言」의 뜻이다. 지방地方을 만약 「시골」이라 할 수 있다면 방언方言은 「시골말」이라 할 수 있을 것이다. 방언은 흔히 그 나라의 서울말에 대하는 지방언地方言의 뜻으로 해석하는 일이 있지마는, 이는 그른 일이다. 한 나라의 서울首府의 말도 또한 그 지방(시골)의 말이니까, 마찬가지로 그 나라의 한 방언이 되는 것이다. 서울말이라고 해서 의례이 곧 다른 시골말보다 낫다는 이치는 없는 것이다.[18]

서울말이 다른 시골말보다 나은 것은 아니며 '그 나라 안에서 문화와 교통의 중심이 되는 시골말이 차차 여러 가지의 시골말에 대하여 공통어가 되는 것이 자연스러운 이치'라는 최현배의 견해에 많은 이들이 동의했다. 이런 까닭에 표준말 심사는 서울 지방에서 사용하는 말을 우선적으로 고려했다. 또한 표준말 심사에서 「통일안」의 표준어 규정을 우선했지만 그렇다고 해서 시골말을 무조건 배척하지는 않았다.

수정위원들은 이맛살이 그어지도록 신중에 신중을 기했다. 시골말의 경우 여건이 허락하는 범위 내에서 현장 조사를 했으며, 사정이 끝날 무렵 교육·언론·종교·문필계 등 전문가들의 의견을 듣는 등 사회 각계의 의견을 두루 청취하여 최종안을 결정했다. 이 모든 과정이 시간과 정성을 요하는 일이었지만, 절차는 엄격하게 지켜졌다. 표준말 사정은 조선어학회를 중심으로 한 제정위원회만의 잔치는 아니었다.

사람들이 널리 쓰는 말과 비슷한 뜻을 가진 말들을 놓고, 같은 말인데 낱말이 여럿인 것은 그중 하나를 표준말로 삼았다. 표준말이 되지 못한 비슷한 말들도 그냥 버린 것이 아니라 각각의 뜻을 갈라 설명했다. 수정위원의 한 사람이던 이윤재가 표준말 심사의 어려움을 토로했듯이 잠자리뿐 아니라 갈구리, 갈고리, 갈쿠리, 갈코리, 갈구지, 갈쿠지, 갈고랑이, 갈구랑이, 갈코장이, 갈쿠장이 등 끝이 꼬부라진 물건을 가리키는 많은 낱말 가운데 '갈구리'를 표준어로 삼는 것(지금은 '갈고리'가 표준어다)은 결코 쉬운 결정이 아니었다.[19]

표준어는 '한 나라에서 공용어로 쓰는 규범으로서의 언어'이고 '전 국민이 공통적으로 쓸 수 있는 자격을 부여받은 단어'다. 규범 언어가 표준어이고 전 국민이 함께 쓰는 낱말이 표준어다. 규범 언어는 언어를 사용할 때 따르고 지켜야 할 기준에 맞는 언어다. 과학적 체계를 지닌 언어는 명문화되어 있든 아니든 일정한 규범을 갖고 있으며, 이를 언어 규범이라고 한다.

그러나 이러한 규정 혹은 규범을 비판하는 사람들은 학회가 만든 표준어 규정 때문에 '앉을뱅이'나 '잠드레미' 같은 정겨운 지역 말들을 잃어버렸다고 아쉬워하거나 한탄한다. 저간의 사정에 대한 이해 없이 '조선어학회가 우리 고향에서 쓰는 말을 버렸어!'라고 불평하기도 한다. 하지만 같은 뜻을 가진 무수히 많은 말들이 '잠자리'와 같이 하나로 통일되면서, 지역 간 의사소통이 정확해지고 편리해진 것도 부정할 수 없는 사실이다.

소통의 다리, 『사정한 조선어 표준말 모음』

1936년 10월 28일 한글날 490주년을 맞아 학회는 한글날을 축하함과 동시에 『사정한 조선어 표준말 모음』을 발표했다. 1년하고 아홉 달 동안 진행된 표준말 사정 작업이 드디어 결실을 맺어 세상에 고고성을 알리는 뜻 깊고 감격적인 순간이었다. 기념식장인 인사동 천향각에는 학회 활동에 지대한 관심을 갖고 있던 교육계·문예계·종교계·언론계 등 각계 인사 130여 명이 모였다. 이극로의 경과 보고에 이어 이윤재가 '사정한 조선어 표준말'에 대한 내용을 설명했다.

사정위원으로 참석한 이종린과 홍에스터가 축사를 했다. 그런데 안창호가 축사를 하면서 '조선 민족은 선조로부터 계승해온 것을 모두 잊어버리고 국가까지 잃어버렸고, 오직 남은 것은 말과 글이니, 이것을 보급하고 발달하는 데 힘을 써야 한다'라며 겨레말의 의미를 강조하자, 임석했던 경관이 행사를 중단시키고 학회 대표자의 경찰서 출두를 지시했다. 이튿날 경

[1]

사정한 조선어 표준말 모음

첫째 갈은 말 (同義語)

(一) 소리가 가깝고 뜻이 꼭 갈은 말

(ㄱ) 닿소리(子音)의 通用

『사정한 조선어 표준말 모음』. (한글학회 제공)

찰서에 출두한 이극로는 독립운동가인 안창호에게 축사를 청한 데 대한 책임을 추궁당했다. 이에 대해 이극로는 학회가 하는 일은 다른 나라 학자들과 마찬가지로 학문 연구일 뿐이라고 설명해 가까스로 화를 모면했다.

당시 《조선일보》는 사설을 통해 '지금 우리들이 어문의 불통일로 얼마나 불편을 느끼며 문화 발전상 얼마나 큰 지장이 되어 있는가는 다시 논할 필요도 없거니와, 우리들의 절실한 현실적 요구에 응하는 민족문화의 대사업이 착착 진척되어 거의 완성의 단계에 이르러 민족문화 건설의 기초를 확립하게 된 것은 실로 조선 민족과 문화 조선의 장래를 위하여 경축할 일'이라며 학회의 성취를 축하했다.[20]

양풍과 함께 들어온 언어들, 「외래어 표기법 통일안」

1928년 10월 7일 《동아일보》에 화장산인花藏山人(시인·문학평론가·영문학자로 활동한 정인섭의 필명)이 쓴 글에 '모던보이'와 '모던걸'이 등장했다. 그는 보통 악용되는 두 외래어를 그 근본 의의를 부활시켜 좋은 뜻으로 쓰겠다면서, 토월회는 조선 극계의 모던보이요 모던걸이어야 하고, 시대감각의 앞자리에 서는 '히로'요 '히로인'이어야 한다고 했다.[21] 그의 글에 모던보이, 모던걸, 히로, 히로인 등의 외래어가 등장한 것은 그가 비단 영문학을 전공했기 때문만은 아니었다.

외래어는 외국에서 들어온 말로 국어처럼 쓰이는 말을 가리킨다. '국어처럼 쓰인다'고 했으니, 엄밀히 말해 국어는 아니다. 매일 아침 각성을 위해 마시는 커피, 이동할 때 타는 버스와 택시, 점심에 먹는 샌드위치와 햄버거 등은 영어에서 온 것이고, 가라오케·쓰나미·오타쿠 등은 일본에서, 알레르기·노이로제·호프는 독일에서, 아틀리에·콩트·모나미·몽쉘통통은

프랑스에서, 피아노·솔로·소프라노·테너 등은 이탈리아에서, 1990년대 유행했던 따봉은 포르투갈에서 온 말이다. 엄밀히 따지면 외래어外來語·외국어外國語·국어國語 같은 한자 어휘도 외래어라 할 수 있다.

'오등은 자에 아조선의 독립국임과'로 시작하는 「3·1독립선언서」에 나오는 '오등吾等은' '자茲에' '아我조선' 등은 '우리는' '이제' '우리 조선'이라고 해야 순수한 우리말이다. '명월'이라는 낱말도 우리 옛말이 아니고 우리말 '밝은 달'에 해당하는 중국 한자어다. 훈민정음 창제 이전에 우리말을 한자로 적는 과정에서 중국 한자를 사용하고, 우리식 한자 낱말을 만들기도 한 세월이 천 년을 훌쩍 넘었으니, 우리말 속에 들어와 있는 한자어까지 외래어로 취급하기 어렵지만 역사적으로 그렇다는 것은 분명하다.

본디 외국어이나 우리말 속에서 쓰이는 것이 외래어인데 어떤 말들을 외래어로 인정할 것인지도 쉽지 않은 문제이지만, 외래어를 어떻게 적을 것인지도 쉽지 않다. 화장산인은 모던보이·모던걸이라 표기했지만, 양풍에 물든 퇴폐적인 '서울의 봄 거리'를 묘사한 조용만의 글에서는 모던뽀이·모던껄로 나온다. 이 글에는 파라솔, 넥타이, 오페라, 빽쓰, 바이으린, 바이오린, 빌딩, 삘딍등 당시 많이 쓰이던 외래어들이 등장한다.[22] '바이으린'은 '바이오린'의 오타일 수도 있지만 '바이으린'이라 쓰는 것이 불가능하지도 않았을 것이고, 'Building'은 빌딍과 삘딍뿐만 아니라 빌딩, 삘딩도 가능했을 것이다. 빽쓰는 'box'였을까?

서양 외래어가 우리나라에 들어온 것은 갑오개혁을 전후한 시기에 전기,

철도, 전화 등 서양의 기계 문물과 함께 커피, 치즈, 아이스크림 같은 서양 식음료와 피아노, 바이올린, 아코디언 등으로 연주되는 서양 음악, 축구나 야구, 테니스, 스케이트 같은 서양 스포츠가 양풍으로 자리 잡으면서부터다.《독립신문》영문판에 일본인이 운영하던 가메야毆屋 상점의 '신선한 캘리포니아 버터, 치즈, 밀가루, 햄, 베이컨, 과일통조림, 채소 등

K. Kameya.
GENERAL STORE KEEPER,
CHONG DONG, SEOUL
Fresh Californ'a Butt'r, Cheese, Flour
Ham, Bacon, Canned Fruits, Vegeta-
bles &c. &c.. just arrived

가매야회사 셔울 졍동 외국 샹등 물건을 파노터 물건이 다 죠코 갑도 외누리 업더라

《독립신문》 1896년 4월 25일자 3면. (한글학회 제공)

을 판매합니다'라는 광고가 실린 것만 보아도 양풍과 함께 외래어가 우리말 속에 들어와 섞인 사정을 파악할 수 있다.[23]

고종은 커피를 좋아했다. 1896년 아관파천 당시 러시아 공사 카를 베베르Karl I. Veber의 처형인 앙투아네트 손탁Antoinette Sontag의 권유로 커피에 맛을 들였다. 덕수궁으로 환궁한 후에는 '정관헌'이라는 서양식 건물을 짓고, 그곳에서 외국 공사들을 초대해 커피를 마셨다. 그때는 커피를 음차해서 '가배차' 혹은 '가비차'라고 했고, 한자어로 '양탕洋湯국'이라고도 했으니, 왠지 해장국 맛이 날 것 같은 커피다. 1902년 개업한 손탁호텔에서 커피를 팔았고, 1903년 10월 28일 문을 연 황성기독교청년회에서도 커피 향기가

퍼져 나왔다. 부래상富來祥이라는 한자 이름을 가진 프랑스인 장작 상인은 조선인 나무장수들에게 나무를 사기 위해 커피를 공짜로 주는 상술을 썼다.[24]

어느새 서울 거리에 카페나 다방이 등장하면서 커피는 우리 식문화 속으로 깊숙이 들어왔으며, 가배, 가비, 양탕국, 커피, 코피, 코오피 등등의 외래어로 불렸다. 어떤 이들은 가배든 코피든 커피든 무슨 문제냐, 맛있으면 그만이라고 하지만, 아침저녁으로 다르고 지면마다 다른 철자로 인해 대중이 겪은 혼란이 적지 않았다. 사전 만들기에 착수한 사전 편찬원들에게는 이렇듯 중구난방으로 쓰이던 외래어 역시 반드시 정비하고 통일해야 할 대상이었다.

외래어 표기법은 한글 맞춤법을 제정하는 것보다 더욱 까다롭고 복잡한 문제였다. 조선어학회는 1931년 1월 24일 각계의 권위자 45인으로 조직된 '외래어 표기법 및 부수 문제 협의회'를 개최했다. 정인섭 · 이극로 · 이희승 등을 책임위원으로 선정했으며, 외국의 전문가, 학회 회원과 국내 인사들을 막론하고 폭넓게 여론을 수용하면서 가장 합리적인 방안을 만들기 위해 애썼다.

외래어 표기법 제정에서 우선 기준으로 정해야 할 부분은 원음 형태로 할 것인가, 관용 형태로 할 것인가, 그리고 원음을 취한다면 원말의 기준을 어디에 둘 것인가 하는 문제였다. '빵'의 원말을 포르투갈어 'pão'로 할 것인가, 스페인어 'pan'으로 할 것인가, 한글로 적을 때 '팡'으로 할 것인가 아

니면 '빵'으로 할 것인가를 결
정해야 했다. 더불어 일본어
음의 표기, 조선어 음의 로마
자 표기법을 정하는 일도 중요
한 문제였다.

조선은 일본의 식민지였고,
일본어가 조선인의 국어였다.
일본어는 외래어가 아니었다.
그렇지만 일본어를 한글로 적
는 규정이 필요했고, 이는 '국
어음 표기법'으로 따로 규정되
었다. 가나문자에서 'あいうえ
お'는 '아이우에오'로 쉽사리

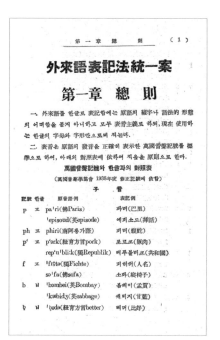

「외래어 표기법 통일안」. (한글학회 제공)

적을 수 있지만, 'かきくけこ'는 '가기구게고'로 적을지 '카키쿠케코'로 적을
지가 고민거리였다. 가나문자 'かきくけこ'의 실제 소리는 '카키쿠케코'에
가깝지만, 당시 「가나·한글 대조표」에서는 '가기구게고'로 표기했다.

이에 따르면 일본어에서 '좋은 냄새'를 뜻하는 'かおり(香り)'라는 낱말의
실제 소리는 '카오리'에 가깝지만 '가오리'로 적어야 했으니, 몸이 넓적한 물
고기 '가오리'와 헷갈린다. '카나'에 가까운 소리가 나는 'かな'를 '가나'로 표
기해 일본 문자의 이름을 '가나문자假名文字'라고 한 것도, 도시 이름 '큐우슈

우きゅうしゅう'를 '규우슈우'라고 쓴 것도 이러한 표기법 규정 때문이었다.

이렇듯 어려운 문제를 풀기 위해 학회는 무려 8년의 시간을 들여 원안을 작성했고, 2년 동안 시험 사용 기간을 거치며 각계의 비평을 거쳐 최종안을 마련했다. 1940년 6월 25일 학회는 총회를 열어 만장일치로「외래어 표기법 통일안」을 비롯한 네 가지 표기법을 확정했으며, 이듬해인 1941년 1월 15일에『외래어 표기법 통일안』규정집을 간행했다. 뜻을 세운 지 10년 만에 맺은 결실이었다.[25]

몸은 빈궁해도, 마음은 가난하지 않았던 사람들

1919년 가을, 조선어연구회는 창경궁의 서쪽 지역인 경성 원동(지금의 종로구 원서동) 휘문고등보통학교 안에 사무실을 마련했다. 휘문고등학교 연혁에도 교장 임경재 등 교사들이 힘을 모아 조선어연구회를 창립했다는 내용이 기록되어 있다. 간사장 임경재를 비롯해 최두선·권덕규·장지영·이규방·이승규 등 30명 정도가 모인 조촐한 학회였지만, 1925년부터 1933년까지 조선인들의 계몽을 위해 발행된 종합잡지 『신민』은 조선어연구회를 '조선인들의 눈에 익고 귀에 젖은 중요한 단체'라고 소개했다.[26]

1928년 조선어연구회는 경성부 수표동 42번지 조선교육협회 회관에 방 한 칸을 얻어 이전했다. 이른바 셋방살이였다. 좁디좁은 사무실에서 이극로·이윤재·한징·김선기·이용기 등 사전 편찬원들이 거의 코를 맞대고 일을 했다. 이처럼 열악한 환경이었지만 이곳 '수표동 회관'에서 '조선어 사전편찬회'가 발족했고, '조선어철자 통일위원회'를 설치하여 「한글 마춤법 통일안」이 탄생했으며, 조선어 표준말 사정 연구가 이루어졌다. 수표동 42번지는 현재 청계천로 118-2이다.

독립된 공간이 없어 애를 먹던 학회에 도움의 손길을 뻗친 이가 건양사 사장 정세권이었다. 1920년대 일본인들은 가파르게 증가하는 이주 일본인의 주거지를 확보하기 위해 경성 주변부에 신도시를 건설하는 계획과 함께, 조선인들이 밀집해 살고 있던 북촌 지역으로 진출하는 방안을 꾀하고 있었다. 1925년 경복궁 근정전 앞에 조선총독부 청사가 들어서면서 식민 관리들을 위한 관사 단지가 경복궁 주위에 조성되었다. 대규모 관사지를 확보한 일본인들은 드러내놓고 주인 행세를 하기 시작했고, 땅을 빼앗긴 조선인들은 하나둘 외곽으로 밀려나는 처량한 신세가 되었다.[27]

자칫 북촌마저 일본인에게 내주어야 하는 위태로운 상황이었다. 그때 정세권은 조선인들이 경성을 떠나지 않고 자리를 지킬 수 있도록 북촌(가회동, 계동, 삼청동, 인사동, 익선동 등)에서 귀족들이 소유하고 있던 대형 한옥을 매입하여, 아주 작은 규모의 한옥들이 빽빽이 들어찬 한옥 밀집 단지를 조성했다. 오늘날 전 세계인들로부터 사랑받는 대한민국의 관광 명소가 된 북촌 한옥마을에서 볼 수 있는 모양과 크기가 일정한 소규모의 정감 어린 한옥들이 바로 정세권의 구상으로 탄생한 작품이다.

일 없는 사람 출입 금지, '화동 129번지'

일본인에게 많은 것을 빼앗겨야 했던 시대에 조선인들의 삶의 터전을 지켰다는 사실만으로도 역사에 기록될 족적을 남겼지만, 거기에 더해 정세권은 민족운동에도 각별한 관심을 갖고 있었다. 그는 1923년 1월 조선물산장려회가 발족하자 적극 참가하여 서울지회를 설립했고, 조선물산장려운동을 지원하기 위해 회사 장산사를 설립했으며, 1927년 민족주의 세력과 사회주의 세력의 연대로 탄생한 신간회에도 참여했다. 대자산가로 성장하던 정세권은 자신의 재력을 민족을 살리는 운동에 사용했고, 조선어학회와의 인연 또한 조선인들의 자강을 위한 활동을 통해 맺어졌다.

조선물산장려회 회의가 있던 어느 날, 정세권은 이극로에게 포부를 물었고, 이극로는 이렇게 답했다.

한 민족의 수가 아무리 많아도 통일된 말이 없으면 문화민족이 아니요, 통일된 말이 있어도 통일된 글이 없으면 문화민족이 아니요. 통일된 글까지 있어도 사전이 없으면 문화민족으로 행세할 수 없다고 하는데 우리 민족은 말과 글이 오래전부터 있지마는 통일되지 못하였고 사전이 없으니 나는 이 점을 깊이 느끼어 말과 글을 통일하여 사전을 완성하는 것을 일생의 사업으로 삼겠소.

정세권은 '사전 완성을 일생의 사업으로 삼겠다'는 이극로의 비장한 각오에 공감하면서도 '사전 만들기'가 어떤 의미를 지니는지는 정확히 인식하지 못했다. 조선어사전이 있으면 좋겠지만, 조선인의 삶에 아무런 경제적·실질적 도움도 줄 수 없는 학자들의 이상론으로 보았다. 경제적으로 궁핍하면 결국 대장부의 포부도, 일생의 사업도 흐지부지 없어진다고 생각했다. 그런 선입견이 바뀐 것은 수표동에 있는 조선어학회를 방문했을 때였다. 조선교육협회 구석 단칸방에서 셋방살이를 하고 있던 학회를 찾은 정세권은 휴일도 없이 사전 만들기에 전념하고 있던 편찬원들을 보고 큰 감명을 받았다.

수표정 교육협회의 한 간 방에는 매양 일요일이면 광목두루마기에 고무신이 섞인 차디찬 선생님 몇 분이 모여서 정답게 속살거리기도 하고 화중이 나서 싸우기도 하기를 하루도 한 사람도 빠지지 않았습니다. 거의 하루나 한 사람도 빠짐없이 줄곧 속살거리고 싸우는 목표에는 돈이나 명예나 권리란 털끝만큼도 없었습니다. 다만 민족 만대의 문화 곧 말과 글을 통일하여 사전을 이룩하고자 하는 것이었습니다. 달이 지나고 해가 지나가도 그들의 속살거림과 싸움은 변하지 않고 십 년이 지나고 그의 속살거림과 싸움은 더욱더 열중하면서 차디찬 선생님의 수만 점점 늘어갔던 것입니다.[28]

사전 편찬원들의 우직하고도 강직한 열정에 감복한 정세권은 1935년 화동 129번지에 2층 건물을 지어 학회에 기증했다. 정세권은 이 건물을 짓기 위해 토지 매입비 및 건설비 4천 원을 들였다. 당시 경성방직 여공 한 달 월급이 21원이었으니, 200여 명분에 해당하는 거금이었다.

사전 편찬, 잡지 간행, 철자법 통일안 작성, 이 밖에 여러 가지 사업이 진행되고 있다. 그런 가운데 장산사 사장 정세권 씨로부터 서울 화동 129번지 2층 양옥 한 채를 조선어학회 회관으로 감사히 제공받게 되었다. 그래서 금년 7월 11날에 이 집으로 옮기게 되었다. 조선어학회가 딴 문패를 붙이고 독립한 호주가 된 것은 창립 이후 처음일이다. 이 학술 단체가 독립된 호주가 되도록 성장한 것은 오직 조선어학회 회원의 노력에 있는 것이 아니라, 이 과학적 사업에 대한 사회의 많은 동정이 있은 까닭이다.[29]

이극로는 수표동 회관에서 화동 회관으로 이사를 마친 후 직접 붓을 들어 정세권에게 고마움을 전했다. 정세권은 가옥뿐만 아니라 이후 사전 편찬에 필요한 예산 등 각종 활동비를 아낌없이 지원했다. 일제의 억압 속에서도 오로지 조선어와 한글 연구에 정진하는 학회 회원들은 경제활동에서는 빵점에 가까웠지만, 학회 활동에 공감하고 은밀하게 후원하는 민족지사들이 있어 곤궁하나마 숨을 이어갈 수 있었다. 정세권의 도움으로 독립된

정세권이 기증한 조선어학회 건물. (한글학회 제공)

가옥을 소유하게 되었으나, 영화 〈말모이〉에 등장하는 것처럼 일경의 눈을 피해 모은 조선어 원고들을 보관하는 지하 창고까지 갖춘 널찍한 공간은 아니었다.

1층은 이극로의 사저, 2층의 큰 방은 사전 편찬실, 작은 방은 사무실이었다. 편찬실에 상주하던 이들은 이극로, 이윤재, 이중화, 한징, 정인승, 권덕규, 정태진 등이었는데, 남향 창가에 개인 책상이 놓였고 북향 창가 앞에는 권승욱 등이 앉았다. 이들은 하루 종일 어휘카드를 주석하고 원고를 정리하고 토론과 회의를 반복했으며, 작은 방에서는 막내 격인 이석린 등이 잡지『한글』발송, 우편물 정리 등을 하느라 구슬땀을 흘리고 있었다.

업무 시간은 아침 9시부터 오후 5시였지만, 퇴근 시간이 되어도 마치지 못한 일이 있으면 자리를 뜨지 않았다. 1층 살림집에서 기거하는 이극로조차 5시에 퇴근하는 일은 드물었다. 아내 김공순은 벚꽃 필 때 아이들을 데리고 창경원에 가는 것이 집안의 커다란 명절이라고 했다. 가족끼리 나들이

나라말이 사라진 날

한 번 가지 못하는 것을 몹시 섭섭해하면서도 학자의 일상이란 게 그러려니, 싱겁고 재미없고 가난한 것이라 여기며 스스로를 달랬다.[30]

언제 끝날지 모르는 사전 편찬 작업이 해를 거듭하면서, 편찬원들의 몸과 마음은 형사에게 쫓기는 도망자처럼 한시도 쉴 틈이 없었다. 편찬실 입구에는 '일 없는 사람은 들어오지 마시고 이야기는 간단히 하시오'라는 문구를 붙여 불필요한 출입자를 제한할 정도였다. 밤낮을 가리지 않고 온갖 자료 더미와 원고에 고개를 파묻고 있는 이들의 모습은 엄숙·경건하다 못해 비장함마저 내뿜고 있었다.

'조선이 독립하기 전까지는 돈을 벌지 않겠다'

교수, 교사, 학자 등으로 구성된 학회의 살림은 항상 쪼들렸다. 경제학 박사인 이극로조차 독립된 집 한 칸이 없어 1층에서 가족과 함께 생활했고, 효제국민학교 교사로 근무하고 있던 아내 김공순에게 집안 살림을 의지하고 있었다. 학회 살림을 책임지고 있는 간사장으로서 편찬원들의 월급도 제대로 주지 못하는 형편이었기에, 하루에 두 끼만 먹었고 온 가족이 콩나물죽으로 저녁을 때우는 일도 다반사였다.[31]

다들 가난했지만 사전 편찬에 총력을 집중할 수 있었던 이유는 강철 같은 의지와 투지의 소유자, 목표를 위해서는 물불을 가리지 않는 이극로와 그를 믿고 지지한 동지들이 있었기 때문이다. 언어 문제가 민족 문제의 중심이라 판단한 이극로는 조선이 독립하기 전까지는 돈을 벌지 않겠다는 결심으로 한글운동에 매진했으며, 운명을 같이한 동지들은 생사고락을 함께했다. 이극로는 이틀이 멀다 하고 학회 운영비·편찬비 등을 조달하기 위해 동분서주했고, 허탕을 치고 돌아온 날이면 힘없이 자리에 앉아 '129, 어떻게 산단 말인가!'라고 넋두리를 하며 한숨을 내쉬었다.[32]

1925년 연희전문을 졸업한 정인승은 고창고등보통학교에 영어 교사로 부임했다. 담당 과목은 영어였지만 애정을 쏟은 것은 조선어였다. 일본어 수업은 일주일에 여섯 시간이었지만 조선어 수업은 한 시간뿐이었고 그나마도 없어질 운명이었다. 영어도 중요하지만 조선인 학생들에게 절실히 필요한 것은 조선어 교육이었다. 그러나 정규 수업 시간에는 가르칠 수 없어 따로 시간을 내 조선어와 조선 역사를 가르쳤다. 때로는 '조선 놈이 조선말을 공부하지 않으면 무엇 하냐?'라며 호통도 쳤다.

점점 궁지로 몰리는 조선어와 조선인들의 처지에 공분했던 정인승의 가르침은 교육이자 저항이자 치열한 민족운동이었다. 1929년 광주학생항일운동 때 많은 학생들이 퇴학당했다. 정인승은 교장에게 간청해 퇴학생들을 받아들이도록 했다. 조선총독부는 정인승을 감시하기 시작했고, 고창고보를 공립학교로 바꾸려 했다. 1935년 8월 31일 정인승은 사표를 던지고 학교를 떠났다.

서울 돈암동에서 염소목장을 경영하고 있던 정인승을 찾은 사람은 최현배였다. 고창고보 시절 정인승은 학회에서 발간하는 잡지 『한글』을 구독했고, 「통일안」이 발표되었을 때 그에 대한 열두 가지 질문을 학회에 보냈다. 학회는 질문서에 담긴 국어에 대한 그의 식견에 깊은 인상을 받았고, 그가 고창고보 교사 정인승이라는 사실을 알게 되었다.

물론 그 사이에는 연희전문 동창이자 학회 회원인 김윤경과의 인연도 작용했다. 최현배는 사전 편찬 일과 학회의 사정을 설명하며 함께 일하자고 제안했다. 정인승과 학회의 운명적인 만남은 이렇게 시작되었다. 1936년 4월 1일 정인승은 학회에 출근해 사전 편찬을 담당하게 되었다. 훗날 정인승은 당시 사전 편찬원이 되겠다고 결심한 이유를 다음과 같이 회고했다.

> 나는 문화민족으로서의 긍지를 살리고, 궁극적으로 우리 민족이 살아남기 위해서는 우리말과 글을 살려야 하고, 그러기 위해서는 사전의 편찬 사업이 무엇보다 시급하고 긴요하다는 것을 뼈아프게 느꼈다.[33]

낱말 하나라도 더 살려내기 위해, 사투리 수집

경제적으로는 빈궁해도 마음은 결코 가난하지 않았던 조선어학회 회원들. 말을 지켜야 빼앗긴 나라를 되찾을 수 있다는 생각으로 사전을 편찬하며 민족어 3대 규범을 만들었다. 그 어떤 작업도 허투루 하지 않았으며 우리말과 글에 대한 그들의 뜨거운 사랑은 바다처럼 넓고 깊었다. 이를 보여주는 대표적인 사례 중 하나가 심혈을 기울인 '사투리 수집'이었다

조선총독부가 조선인들을 억누르듯이 표준어가 방언 위에 군림하면서 정감 있는 고향 말들을 푸대접했다고 생각하기 십상이지만, 학회 회원들은 시골말에 대해 강한 애정을 보였다. 사전에 실을 표제어를 정하기 위해서는 방언 중 상당수를 포기해야 했으나 근본적으로 이들은 시골말도 조선말이자 우리 민족의 언어라고 생각했다. 이에 낱말 하나라도 더 모으고 살려내기 위해 「한글 마춤법 통일안」을 발표하기 전부터 시골말을 수집하고 있었다.

송도(지금의 개성) 출신으로 주시경 문하에서 수학한 이상춘은 사투리 수집에 남다른 애정을 갖고 있었다. 1927년 동인지 『한글』 6호에 자신의 고향 말인 송도 사투리를 소개했다. 그는 송도가 '서울과 멀지 않아 말에 큰 차이는 없다'고 하면서도 '밥 먹었느냐(서)-밥 먹었는(송), 갔었소(서)-갔드랬소(송)'처럼 서울말과 송도 말을 비교·소개했다.

이상춘은 1931년에 한글 강습 일로 함경남북도를 분주히 다니면서, 이때 수집한 사투리를 기관지 『한글』 1932년 6월호(2호)에 소개했다. 어렵사리 『한글』에 실린 함경도 사투리는 지역의 독자들을 고무했고, 1933년 『한글』 9호에는 평양사범을 졸업하고 행영에 있는 학교에서 재직하고 있던 오세준이 친구의 도움을 얻어 수집한 행영과 은성 지역의 방언을 소개했다.

1930년대 들어 학회는 본격적으로 방언 수집에 나섰고, 능률을 높이기 위해 조선어 교사들과 학생들에게 도움을 요청했다. 지방에서 온 학생들이 방학에 고향으로 갈 때는 방언 수집을 부탁했다. 학생들은 고향에 머물면서 가족이나 친구, 이웃으로부터 방언을 수집했으며, 방학이 끝나면 선생님에게 제출했다. 교사들은 학생들이 전국에서 모아 온 소중한 방언들을 정리한 다음 학회로 보냈다.

1931년 여름방학 제1회 방언 조사 대상은 '기구명器具名'이었다. '시골말 캐기'라 명명된 이 방언 수집 활동에는 서울과 지방의 14개 학교 500여 명의 학생들이 참여했다. 9월 12일 학회 월례회 때 이에 대한 보고가 있었으나, 자료가 발표되지 않아 어떤 시골말들이 수집되었는지는 알 수 없다. 농사지을 때 쓰는 호미·호맹이·호멩이, 괭이·광이·깽이·꾕이 같은 말들이 수집되었을 것으로 짐작할 수 있는데, 1935년 10월 무렵에는 수집된 자료가 1만여 어휘에 이르렀다.[34]

1935년 10월에 간행된 『한글』 27호에 '方言調査(방언조사)'란이 신설되어 1956년 118호에 이르기까지 수집한 각 지역의 방언을 꾸준히 소개했다. 잡지에 '方言蒐集(방언수집)' 광고를 싣고 방언 자료 수집의 목적을 '장차 정리하여 사전 어휘로 수용할 예정'이라고 밝히면서 조선인들의 참여와 도움을 호소했다. 이 기간에 방언 수집에 참여했던 조사자는 모두 105명이며, 두 번 이상 방언 자료를 게재한 조사자는 14명이다.

1936년 10월호(39호) 방언 채집표에 실린 내용은 경성사범학교 학생

『한글』 79호에 실린 「꼬꾸리불의 시골말」. (한글학회 제공)

동아리 '조선어연구부'에서 조사한 내용을 반영한 것으로 보인다. 학생들은 교수 조윤제의 지도로 방언 수집 활동을 했고, 고향의 집과 산과 들에서 끌어모은 방언을 정리해 학회에 제공했다. 해방 후 조윤제는 학회의 「통일안」을 신랄하게 비판한 대표적인 인사였지만, 방언을 조사하고 수집함에 있어서는 딴마음을 품을 이유가 없었다. 조선어연구부 학생들은 1937년 독자적으로 『방언집』을 간행하기도 했다.

학회의 방언 수집 활동은 1942년 해방 이전 마지막으로 발행된 『한글』 93호와 함께 끝났지만, 1941년 2월호(84호)부터 1942년 1월호(92호)까지 방언 조사 내용을 소개하는 열의를 보였다. 특히 1940년 9월호(79호)에 실린 「꼬꾸리불의 시골말」은 평양사범학교 학생들이 수집한 것이었다.

꼬꾸리불은 산중에 있는 집에서 야간에 불빛을 취하려고 방안에
피우는 송명松明, 즉 관솔불이다. 여기 보이는 시골말은 소화 8년
(1933) 평양사범학교에서 하기 휴가 숙제로 함북, 함남, 평북, 평남,
황해, 강원, 경기, 칠도에 고향을 둔 학생에게 인쇄 배부하여 수집하
게 한 답안을 정리한 것이다.[35] ─이석린

전국에서 수집한 '관솔불'에 해당하는 방언이 '고꼬리불'을 비롯해서 '횃
불'까지 무려 46개의 어휘가 실려 있어 지역에 따라 다양한 사투리를 썼음
을 알 수 있다. '횃불' 같은 말은 강원도, 경기도, 황해도 등에서 공통적으로
광범위하게 사용되었다는 것도 확인할 수 있다.

고꼬리불(함남-정평)-고꾸리불(경기-양주, 광주, 파주, 양평, 부천, 진
위)(평남-중화)(평북-개천)-고끌불(평북-원창)-고루채기불(평북-용천)-
관솔불(평북-정주)-둥지불(함남-정평)-소깽불(함남-함주, 홍원)-솔(평
남-안주)-솔깨이불(평북-선천)-오코리불(함남-신흥)-코쿠리불(강원-
삼척, 강릉)-횃불(강원-춘천)(경기-여주)(황해-은율)

이 밖에도 김여순이 평북 용천을 중심으로 법흥 지역의 방언을, 유수산

이 강계읍 방언을, 전죽섭이 의주군 의주면 방언을, 김근신이 평양 방언을, 임순덕이 평남 강서군 동양면 방언 등을 수집해 조선어학회로 보냈다.[36]

표준말	방언	표준말	방언
끝	끄트마리(용천)	가위	가우, 강(의주)
대머리	숭대망이(용천)	다듬잇돌	방칫돌(평양)
솥	가매(강계)	도마	칼판(평양)
절구	덜구(강계)	삼태기	삼티(평남 강서)
숟가락	수깔(의주)	두레박	디베(평남 강서)

민족의 혼을 지키기 위한 언어 수호 투쟁

'말모이 작전'은 조선어학회가 주도했지만, 전 조선인들이 참여한 민족적인 사업이었다. 학회는 사전 편찬의 열망을 이루기 위해 낱말 하나도 소홀히 하지 않겠다는 각오로 방언을 모았고, 체계적으로 어휘를 분류하고 정리했다. 방언은 표준어와 구분되어 '사투리'라고 불리면서 놀림을 받기도 했지만, 5천 년 민족의 정이 담긴 말이었고, 표준어와 다름없는 어엿한 조선어였다. 학회의 방언 수집에 전국의 교사와 학생들이 일심동체가 되어 호응한 것은, 일본의 조선어 말살 정책이 강화되는 상황에서 민족의 혼이

나라말이 사라진 날

서울 화동 129번지 조선어학회 2층 사전 편찬실. (한글학회 제공)

담긴 민족의 언어를 지키기 위한 언어 수호 투쟁이었다.

정인승이 사전 편찬원으로 일하기 시작한 1936년 무렵 역시 화동 129번지 식구가 된 권덕규는 방언 수집과 조사, 정리에서 혜성처럼 빛을 발했다. 1937년 6월에 발생한 수양동우회사건으로 이윤재가 휴직하게 되자, 정인승의 고창고보 제자였던 권승욱이 들어왔으며, 1930년부터 1932년까지 편찬원으로 일하다가 그만둔 한징도 다시 학회로 돌아왔다. 편찬원들이 밤샘 작업도 마다하지 않은 끝에 1939년 연말에 학회는 원고의 3분의 1을 완성해 조선총독부 도서과에 제출했으며, 1940년 3월 12일 다량의

삭제와 정정을 조건으로 출판 허가를 받았다.

10년 만의 성과였다. 1929년 편찬회를 발족했을 때, 이렇게 오랜 시일이 걸릴 거라고는 아무도 예상하지 못했다. 출판 허가를 받은 것만으로도 눈물이 핑 돌 정도로 감격스러운 일이었지만, 사전 간행을 위해서는 아직 할 일이 태산이었다. 심각한 자금난은 이우식의 후원으로 해소할 수 있었고, 대동출판사 노성석 사장의 특별한 호의 덕분에 1942년 3월부터 편집과 조판 작업에 들어갈 수 있었다. 1942년 9월 완성 단계에 이르렀을 때, 주해를 완료한 낱말이 약 16만 개, 미완료가 약 5천 개였다.[37]

3장

일제의 조선어학회 죽이기

우리가 독닙신문을 오늘 처음으로 출판
하는딩 조션속에 잇는 닉외국 인민의게
우리 쥬의를 미리 말슴하여 아시게 하노
라

우리는 첫재 편벽 되지 아니한고로 무슴
당에도 상관이 업고 샹하귀쳔을 달니디
졉아니호고 모도죠션 사름으로만 알고 죠
션만 위하며 공평이 인민의게 말할터인디
우리가 셔울 빅셩만 위할게 아니라 죠션
젼국인민을 위하여 무슴일이든지 디언하
여 주랴홈 졍부에셔 하시는일을 빅셩의게
젼홀터이요 빅셩의 졍셰을 졍부에 젼홀
터이니 만일 빅셩이 졍부일을 자셰이알
고 졍부에셔 빅셩에 일을 자셰이 아시면
피추에 유익한 일만히 잇슬터이요 불평
한 모음과 의심호는 성각이 업서질 터이
옴 우리가 이신문 출판 하기는 취리하랴
눈게 아닌고로 갑슬 헐허도록 하엿고
도 언문으로 쓰기는 남녀 샹하귀쳔이 모
도 보게홈이요 또 귀졀을 떼여 쓰기는 알
어 보기 쉽도록 홈이라 우리는 바른 디로
만 신문을 홀터인고로 졍부 관원이라도
잘못하는이 잇스면 우리가 말홀터이요 탐
관오리 들을 알면 셰샹에 그사름의 힝젹
을 펴일터이요 소소 빅셩이라도 무법호일
하는 사름은 우리가 차저 신문에 셜명
홀터이옴 우리는 죠션
대군쥬폐하와 죠션졍부와 죠션인민을 위
하는 사름드린고로 편당잇는 의논이든지

'노력하라. 인생은 힘쓰는 자의 것이다'

1918년 스페인 독감이 유행하면서 최소 2천만에서 1억 명이 목숨을 잃었다. 조선 땅도 예외는 아니었다. 조선총독부의 부실한 대응으로 무려 14만 명의 희생자가 나왔다.[1] 사람들은 눈에 보이지 않는 바이러스에 감염돼 목숨을 잃을지도 모른다는 공포에 사로잡혔다. 그때 경성제일고등보통학교 학생 정태진은 집에서 30분 거리에 있는 금촌역에서 서울로 가는 통학열차에 몸을 실었다. 걷고 타고 걷기를 반복해서 왕복 네 시간이 소요되는 고단한 통학 길이었다. 그러나 소년의 눈은 배움에 대한 열정으로 반짝반짝 빛났다. 키가 좀 작았지만 단단한 체구를 가진 소년은 총명하고 학구열이 높았으며 부지런하고 성실했다.

운명의 기차를 탄 소년

정태진은 1903년 파주시 금촌읍 금릉리에서 태어났다. 교하공립보통학교를 마치고, 수재들만 들어가는 경성제일고등보통학교에 입학했다.[2] 졸업 후에는 전문학교 입학 검정고시를 치르고 1921년 연희전문학교 문과에 진학했다. 연희전문학교는 조선 민중의 문화적 향상과 정신적 도야를 그 사명으로 지향하고 있었다. 식민지 조선 사회를 혁신하는 실무에 종사할 인재를 기르는 것이 중요한 교육 목표 가운데 하나였다. 부교장을 지내다가 나중에 교장이 된 호러스 언더우드Horace H. Underwood는 이렇게 말했다.

"조선 동포의 사는 집이면 양옥이거나 초가를 막론하고 내 집으로 여길 줄 아는 인물을 가르친다."

연희전문학교에는 선교사이자 미국 대학 출신 교수가 많았는데, 그들은 식민 지배를 받는 조선인들에게 깊은 동정심을 느꼈고, 조선의 언어와 풍습, 역사와 문화 등에 관심이 많았다. 언더우드는 이미 『한영문법』(1890)과 『한영자전』(1890)을 펴낸 적이 있었고, 선교사 제임스 게일도 문법책인 『사과지남』(1894)과 『한영자전』(1897)을 펴낼 정도로 한글에 밝았다. 외국인이면서도 한글의 중요성을 깨닫고 있던 교수들을 통해 학생들은 그동안 몰랐던 한글의 가치를 발견할 수 있었다.

기독교 신앙과 민족정신이 꿈틀거리는 연희전문학교의 품에서 정태진은 민족의 역사와 운명을 고민하는 지식인으로 성장했다. 1922년에는 당시 손꼽히던 민족주의 지식인이자 한학의 대가이던 정인보가 연희 강단에 서면서, 조선의 역사와 문화의 연구를 중시하는 학풍이 확고해졌다. 1927년 문과 교수로 부임한 백낙준은 그때 분위기를 다음과 같이 술회했다.

문과 과장으로 있으면서 나는 국학 분야 과목을 새로 만드는 데 주력했다. (…) 조선어에 대해서도 일본의 정책이 조선어 사용을 금했으므로 학과목으로 가르치지 못했던 때였다. 정규 수업 시간에 가르칠 수 없었으므로 이 방면에 관심이 있는 학생을 모아 수업이 끝난 뒤 과외로 조선어를 가르쳤는데 일찍이 이 방면에 연구를 많이 한 최현배 선생이 이를 맡아 오랫동안 계속되었다.[3]

1910~1920년대에 걸쳐 연희전문학교에서 수학한 학생들 가운데 졸업 이후 한글운동의 길을 걷게 된 이들이 적지 않았다. 정태진은 재학 중 '수신, 한문, 국어(일본어), 국문학(일본 문학), 영어, 영문학, 본방 역사(일본사), 서양사, 본방 지리(일본 지리), 서양 지리, 철학, 교육사, 윤리학, 논리학, 동물학, 식물학, 지질학, 물리학, 부기원리, 경제, 회계학, 음악, 체조, 성서기도회' 등의 과목을 수강했는데, 모든 과목에서 90점 이상의 높은 점수를 받았다. 그런데 당시 연희전문학교에는 조선어 과목이 개설되어 있지 않았다. 정태진은 백낙준이 언급한 '과외' 수업을 통해 조선어와 한글을 배웠다. 정태진에

게 한글을 가르친 것은 입학 동기이지만 여섯 살 위인 정인승이었다. 정인승은 연희전문학교에 재학하고 있을 때 자신에게 큰 영향을 준 사람으로 교수이던 정인보, 제임스 피셔James E. Fisher, 언더우드, 백남석 외에 3년 선배인 김윤경을 꼽았다.

김윤경 님은 그의 옛 스승 주시경 선생의 창의적인 국어문법 학설을 체계적으로 습득하여 나에게 우리말을 연구하게 영향을 준 바가 적지 않았다.[4]

김윤경은 상동청년학원에서 주시경을 사사하면서 그의 학설과 사상을 받아들였다. 마산 창신학교에서 국어, 역사, 수학 등을 가르치다가, 1917년 상경해 연희전문학교에 입학했을 때는 이미 한글학자의 길에 들어서 있었다. 3·1운동 때는 파고다공원(지금의 탑골공원) 만세시위에 참여했으며, 1921년 주시경의 한글 연구와 운동을 계승하는 조선어연구회에 들어갔다. 1922년에는 수양동우회의 전신인 기독교 청년 조직 수양동맹회에 들어가 민족의 앞날을 도모하며 '실력양성운동'을 전개했다.

당시 연희전문학교 문과 재학생은 모두 100명이 되지 않았다. 한 학기만 교정을 오가면 누가 누구인지 훤히 알 수 있는 환경이었다. 학부와 대학원을 합쳐 2만 명이 넘는 학생들이 다니는 오늘날의 연세대학교와는 하늘과 땅 차이다. 김윤경은 날마다 얼굴을 마주하는 학우들 가운데 한글에 관심을 보이는 후배들을 가르쳤다. 훗날 정인승과 함께 한글운동의 길을 걷게 되는 정태진도 이 무렵 김윤경으로부터 주시경이 주창한 언어민족주의의 세례를 받았다.[5]

삶이 어떤 방향으로 나아갈지, 어떻게 될지 모르지만, 해를 거듭하는 동안 삶은 보이지 않는 인연의 끈으로 얽힌다. 정태진은 단 한 번도 주시경을 만난 적이 없지만, 정인승과 각별한 우정을 나누었고, 이들은 김윤경을 통해 주시경의 학문을 전수받았다. 이 모든 것이 주시경이 뿌린 씨앗이었다.

훗날 정태진은 정인승의 권유를 받고 조선어학회 사전 편찬원이 되지만, 당시에는 상상도 못한 일이었다. 한 치 앞도 내다볼 수 없는 인생이기에 누구나 미지의 삶에 대한 궁금증과 꿈과 기대와 희망을 안고 살아간다. 정태진은 어떤 심정이었을까? 장밋빛 미래를 기대하기 어려운 식민지 청년이었지만, 그 또한 기적 소리를 울리며 질주하는 기차에 몸을 싣고 내일을 향해 달려가고 있었다.

미국 대신 함흥을 택한 이유

함흥은 이성계가 어린 시절을 보낸 곳이자 '함흥차사'라는 말로 유명하다. 실제로 이성계가 이방원이 보낸 사신들을 모두 죽인 것은 아니지만, 어디 가서 감감무소식인 사람을 가리켜 '함흥차사'라 한다. 조선왕조의 발상지 함흥은 함경도를 대표하는 도시로 성장했고, 일제강점기에도 지정학적으로 중요했다. 일제는 함경도의 풍부한 자원, 대륙과 일본을 연결하는 교통의 요지인 함흥에 주목했고, 조선인들에게 함흥은 북간도와 연해주, 임시정부를 잇는 독립운동의 길목이었다. 남북 분단 이후 함흥은 북한 땅, 갈 수 없는 곳이기에 멀게 느껴지지만 과거에는 언제든지 갈 수 있는 조선 땅이었다.

기름진 너른 평야와 풍부한 수산자원, 광물자원 등 천혜의 환경과 교통의 발달로 함흥의 인구는 1920년대에 3만 명을 넘어섰다. 1925년 일본인 이주자도 4,500명에 이르렀으니, 함흥은 일인들에게 토지, 광산, 공장, 상업, 운송 등에서 많은 이권을 가져갈 수 있는 신세계였다. 인구수는 조선인이 많았지만, 권력은 일본인들 손에 있었다. 근대적 학교도 일찍 문을 열어 1926년 도내에서 공립보통학교가 가장 많은 곳이 함흥(9개)이었고, 중등학교도 함흥고보·함남사범학교·함흥상업학교·함흥농업학교·함흥고등여학교 등 5개가 있었다.[6] 그리고 이 교육의 요충지에서는 식민 교육과 민족 교육이 충돌하고 있었다.

정태진이 연희전문학교를 졸업할 때, 스승 블리스 빌링스Bliss W. Billings가 미국 유학을 권했다. 졸업생 가운데 상당수가 미국 유학을 떠나던 상황에서 성적이 우수한 정태진에게 유학을 권한 것은 지극히 자연스러운 일이었다. 삶의 어떤 시기에 누구나 선택의 순간을 맞게 된다. 삶은 선택의 연속이지만, 선택을 잘하기란 결코 쉽지 않다. 순간의 선택에 의해 인생의 항로가 크게 달라질 수 있다. 그렇기에 정태진 역시 여러 날을 고민했다.

'온 겨레가 식민통치에 신음하고 있는 때에, 미국 유학을 가는 것이 마땅한 일일까? 만일 내가 미국에 간다면 도피를 하는 것이 아닐까?'[7]

결국 정태진은 빌링스의 권유를 어렵사리 사양하고 교사의 길을 택했다. 선배 김윤경은 서울 배화여자고등보통학교 교사로 갔고, 동기 정인승은 서울과 가까운 개성의 송도고등보통학교 영어 교사로 초빙을 받았지만 '민족혼'을 일깨우기 위해 설립된 사립중등학교인 전라북도 고창의 고창고등보통학교를 선택했다. 김윤경과 정인승이 후학을 양성하기 위해 교사의 길을 선택한 것이 정태진에게도 크게 영향을 미쳤을 것이다. 교사의 길을 가기로 결심한 정태진은 함경남북도를 아우르는 북관의 중심 도시인 함흥의 영생여학교를 택했다.

1900년 7월 경인선이 완공되었고, 1906년 경의선, 1908년 경부선이 개통되었다. 일제는 한일병합 이후에 한반도 경제와 교통의 요지를 잇는 전국 철도망을 부설했다. 1914년에는 함경도의 광산 자원을 원산항을 통해 일본 서부 지역으로 실어 보내기 위해 경성과 원산을 잇는 경원선을, 1928년에는 원산과 국경도시 회령을 연결하는 함경선을 완공했다.[8] 철도가 놓이기 전에 함흥은 먼 곳이었지만, 이제 경성에서 열 시간 정도면 닿을 수 있었다. 철도는 일제의 효율적인 식민지 동원·대륙 진출을 위한 것이었지만, 청년 교사 정태진은 후학 양성의 포부를 안고 기차에 올랐다.

정태진에게 함흥은 미지의 땅이었다. 일제 통치하의 조선 땅 어디인들

춥지 않은 곳이 있었겠는가마는 함흥의 겨울은 유독 길고 눈이 많이 내리고, 몹시 추울 거라고 했다. 시인 백석이 '가난한 내가 아름다운 나타샤를 사랑해서 오늘 밤은 푹푹 눈이 나린다'라고 읊조린 곳도 바로 함흥이었다. 무엇보다도 가족과 헤어지기가 섭섭했지만, 교사로서의 사명과 자신을 기다리고 있을 학생들을 생각하면 이별을 감수해야 했다. 정태진에게 함흥은 청춘의 새로운 시작점이었다.

정태진이 영생여학교에 부임한 때는 1925년 4월이었다. 영생은 1903년 캐나다 장로교 선교사 맥레Macrae(한국명 마구례馬求禮)의 부인 서덜랜드Sutherland(한국명 마의대馬義大)가 시작했다. 1910년 1월 영생여학교로 정식 인가를 받았으나, 1915년 '사립학교 규칙' 개정 때 기독교 학교의 성경 교육 폐지에 대한 압력으로 홍역을 치렀다. 이후 제1차 세계대전 시기에는 본국의 지원을 제대로 받지 못해 극심한 자금난에 시달렸으며, 1919년 3·1운동에 참가한 많은 학생들이 일경에 체포되고 수감되면서 시련을 겪었다.[9]

영생여학교에서 정태진은 조선어와 영어를 가르쳤다. 학교 운영, 교과과정, 교육 내용에서 어느 것 하나 조선총독부의 통제를 받지 않는 것이 없었지만, 열과 성을 다해 자신이 가진 모든 지식을 제자들에게 쏟아부었다. 칸트, 헤겔, 페스탈로치, 톨스토이, 타고르, 한용운, 단테, 지드, 로맹 롤랑 등 국내외의 뛰어난 문학작품과 사상서·철학서 등을 소개하면서, 식민지로 전락한 조선의 현실뿐만 아니라 세상을 보는 폭넓은 시야를 가질 수 있도록 지도했다. 특히 조선의 명시를 소개하며 조선말의 아름다움과 소중함을 가르쳤고, 제자들이 민족에 대한 자긍심을 회복하고 미래에 대한 전망을 갖고 성장할 수 있도록 지도했으며, 평소 이렇게 말하곤 했다.

"노력하라, 나도 노력하리라. 인생은 힘쓰는 자의 것이다."

총독부 통치에 저항하는 최선의 수단

함흥 지역 학생들은 조선어와 조선 역사를 가르치지 않고, 종교의 자유를 억압하고, 일본어와 일본 역사를 강요하는 식민지 교육에 저항했다. 설상가상으로 1915년 조선총독부는 '사립학교 규칙'을 개정했다. 일반 학교와 기독교 학교들을 제도권으로 편입시키기 위해 고등보통학교로 전환할 것을 강요했고, 전문학교 입학 자격을 고등보통학교 졸업생으로 제한했다. 교육 현장에서 이루어지는 식민 탄압에 대한 함흥 지역 학생들의 불만은 때때로 휴교와 맹휴로 분출되었다.

1926년 12월에는 영생여학교 학생들이 상급학교 진학 시 당하는 불이익 등을 해소하기 위해 고등보통학교 승격과 교육 시설 개선 등을 요구하며 시위를 벌였다. 학교 측은 지정 학교 수속을 서두르고, 시설 개선을 위한 예산 확보, 운동장 확장 등을 위해 노력하겠다며 학생들을 달랬다.[10] 아슬아슬한 상황이었다. 부임한 이후 학교 안팎으로 크고 작은 사건이 발생했지만, 정태진은 중심을 잃지 않고 교사로서의 본분을 다하고 있었다.

해가 두 번 바뀐 1927년 어느 날, 정태진은 빌링스 교수로부터 편지 한 통을 받았다. '앞으로 조선에는 더 높은 정신적 지도자가 필요할 것이니 미국에 가서 공부를 하고 오라'는 내용이었다. 2년 전에는 어렵사리 은사의 권유를 사양하고 이곳 함흥으로 달려왔다. 빌링스의 편지를 반복해 읽으면서 행간에 담긴 은사의 진심 어린 기대와 당부를 확인한 정태진은 깊은 고민에 빠졌다.

'어찌할 것인가? 교사로서 지금의 삶도 소중하다. 제자들은 나를 믿고 열심히 따라주고 있다. 만일 내가 미국으로 떠나버리면 제자들은 어찌 되는 걸까? 내가 아니어도 좋은 선생님은 많다. 그래, 그분들에게 잠시 부탁해 보자...'

정태진은 무거운 발걸음을 이끌고 역으로 향했다. 이번에는 온 길을 되돌아 아주 먼 길을 가야 했다. 갑작스러운 스승과의 이별은 감수성이 풍부한 여학생들에게는 큰 충격이었다. 믿고 싶지 않았고, 먼 곳으로 떠나보내기도 싫었다. 경성행 기차를 타기 위해 플랫폼에 선 정태진은 제자들의 얼굴을 하나하나 물끄러미 바라보았다. 차마 입이 떨어지지 않았다. 제자들이 울먹이며 부르는 '우리 다시 만날 때까지...'가 조용히 울려 퍼졌다. 제자들이 부르는 이별 노래가 기차보다 한걸음 앞서 철길을 달렸다.

슬픔에 잠긴 정태진의 얼굴은 창백했고, 비통해 보이기까지 했다. 임옥인을 비롯한 제자들은 옷자락을 붙잡고 늘어질까도 생각했지만, 장도에 나선 스승에게 억지를 부릴 수는 없었다. 정태진 또한 주저앉을 수 없었다. 출발 시간이 되자, 역무원이 깃발을 흔들며 승객들을 재촉했다. 더는 지체할 수 없었다. 눈물바다가 된 플랫폼을 뒤로하고 정태진은 기차에 올랐다. 기적을 울리며 천천히 역을 빠져나간 기차가 꽁무니를 감추며 사라지는 모습을 지켜보던 제자들은 서로 부둥켜안고 울다 레일 위에 주저앉아 통곡했다.

1927년 5월 정태진은 미국으로 건너갔다. 오하이오주에 있는 우스터 대학에서 철학을 전공했고, 곧바로 컬럼비아대학교 대학원 교육과에 진학해 1931년 6월 석사 학위를 취득했다. 박사과정에 진학하라는 지도 교수의 권유가 있었지만, 1931년 9월 아쉬움을 뒤로하고 귀국했다. 정태진의 귀국은 일간지에 보도될 정도로 세간의 주목을 받았다. 교육열이 뜨거웠던 때였고, 미국 명문대학 석사 학위 소지자라는 타이틀 덕분에 마음만 먹으면 좋은 일자리를 잡을 수 있었다. 그러나 정태진은 영생여고보로 돌아갔고, 영어와 조선어를 맡아 열정을 다해 가르쳤다. 당시 신문에는 다음과 같이 보도되기도 했다.

정씨는 함흥 영생여자고등보통학교 교무주임으로 교편을 들게 되었다.

1930년대 말 정태진은 일제의 감시 대상이었다. 수업 시간에도 말 한마디 한마디에 신경을 써야 했고, 감시의 눈을 의식하지 않을 수 없었다. 그럼에도 정태진은 제자들 앞에서 일본어를 쓰지 않았고, 항상 조선어만을 썼다. 조선어를 고집하는 것이 일제의 통치에 저항할 수 있는 최선의 수단이었을 것이다. 훗날 소설가가 된 그의 제자 임옥인은 '우리는 정 선생님을 통해 모국어의 아름다움과 국문학의 정수에 접할 수 있었다. 이것은 참으로 소중한 교육이었다'며 스승 정태진을 그리워했다.[11]

식민통치하에서 조선의 학생들을 위해 민족 교육을 실천한다는 것은 마치 물동이를 머리에 이고 꽁꽁 얼어붙은 강을 건너야 하는 아슬아슬한 일이었지만, 청년 교사 정태진은 민족의 미래를 걱정하는 마음으로 정진했다. 그러나 일제의 동화정책은 날이 갈수록 강도가 높아졌고, 1930년대 후반에 접어들면 광폭 그 자체로 치닫게 된다. 급기야 조선어 말살이라는 극한의 상황 속에서 정태진은 누구도 예상치 못했던 엄청난 사건에 휘말리게 된다.

조선어학회의 운명을 가른 한 줄

　1937년 7월 7일, 베이징 교외 펑타이豊台에 주둔한 일본군이 루거우차오蘆溝橋 부근에서 야간 훈련을 실시하던 중 일본군과 중국군 사이에 총격전이 벌어졌다. 일본군은 중국군이 먼저 도발했다고 주장하며 주력부대를 출동시켰고, 다음 날 새벽 루거우차오를 점령했다. 7월 11일 중국이 한 발 물러나 협정을 맺으며 사건이 해결된 듯했으나, 화베이華北지방을 노리던 일본은 관동군 및 본토의 3개 사단을 증파하여 7월 28일 총공격을 개시했다. 이로써 '루거우차오사건(노구교사건)'은 전면전으로 확대되었고, 장기전에 돌입하면서 조선은 일본의 병참기지로 전락했다.

　같은 해 10월 조선총독부는 황국신민서사('황국신민의 맹세')를 제정하여 조선인을 천황의 신민으로 만들기 위한 정신교육을 강화하면서 조선인에 대한 통제의 고삐를 바짝 쥐었다. 1919년 3·1운동 당시 김대우는 경성공업전문학교 대표로 시위에 참여해 '조선 독립 만세'를 목청껏 외치다 일본 경찰에 체포되어 경성지방법원에서 징역 7개월에 집행유예 3년을 선고받았지만, 석방 이후 김대우의 삶은 급반전했다.

일경의 사찰과 전시 동원, 내선일체를 위하어

김대우는 규슈제국대학에 유학했고, 졸업 후 귀국해 1926년 2월 조선총독부 임야조사위원회 서기, 1928년 2월 평안북도 박천군수에 임명되면서 친일의 길을 걸었다. 애국 청년 김대우에서 친일 협력자로 새로 태어난 김대우는 눈부시게 활약하면서 승승장구했다. 그는 조선사편수회 간사를 지냈고 1939년 10월 훈6등 서보장을 받았으며, 1943년에는 전라북도 지사에 올랐다. 일제 말 악명 높았던 황국신민서사가 바로 그의 작품이었다. 1937년 학무국 사회교육과장 시절 김대우는 학무국 촉탁 이각종으로 하여금 문안을 작성케 해 아동용과 성인용 두 가지를 제정했다.[12]

아동용
① 나는 대일본제국의 신민이다.
② 나는 마음을 합해 천황 폐하께 충의를 다한다.

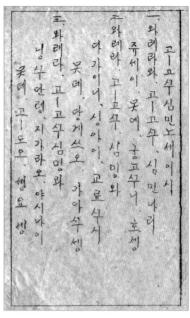

황국신민서사 성인용. 친일파로 거듭난 김대우의 작품이다. (부평역사박물관 제공)

③ 나는 인고단련하여 훌륭하고 강한 국민이 된다.

성인용

① 우리는 황국신민이며 충성으로써 군국에 보답하자.

② 우리 황국신민은 서로 신애협력하여 단결을 굳게 하자.

③ 우리 황국신민은 인고단련의 힘을 키워서 황도를 선양하자.

이에 따라 학교, 관공서, 은행, 회사, 공장, 상점 등 모든 직장의 조회와 각종 집회 의식에서는 황국신민서사를 낭송해야 했다. 조선의 아이들은 매일 아침 황국신민서사를 암송하며 천황에게 충성을 맹세했다. 조선총독부는 여기에 그치지 않고, 1938년 3월 조선교육령을 개정해 '국체명징' '내선일체' '인고단련'의 3대 교육 방침을 천명해 군신 일체의 천황 국가 건설, 천황을 위해 목숨도 바칠 수 있는 조선인 양성에 박차를 가했다.[13]

일제의 탄압은 나날이 심해졌다. 1939년에 '조선민사령'을 개정해 1940년 2월부터 창씨개명을 시행했고, 같은 해 고도국방국가 건설을 위한 신체제운동을 시작해 '국민총력조선연맹'이 출범했으며, 1941년에는 '조선사상범예방구금령'을 제정하여 전향하지 않는 사상범들의 재범을 예방한다는 구실로 재판 없이 체포·구금했다. 귀에 걸면 귀고리, 코에 걸면 코걸이 식으로 탄압했기에 조선인들의 민족운동은 호수에서 쫓겨난 물고기와 같은 신세가 되었다.

1937년 6월 수양동우회사건으로 이윤재와 김윤경은 서대문형무소에서 옥고를 치렀다. 1938년 2월 흥업구락부사건으로 검거된 최현배는 기소유예 처분을 받았으나 연희전문학교에서 해직되었다. 두 사건의 와중에서 전영택·현제명·홍난파를 비롯한 수양동우회 회원과 신흥우·윤치호·정춘수 등 흥업구락부 회원 일부가 일제에 굴복했고, 지식인 다수가 친일로 돌아섰으며, 「2·8독립선언서」와 「3·1독립선언서」를 기초한 이광수와 최남선, 민족대표 33인의 한 사람으로 이름을 올린 최린 등이 변절했다. 하지만 이윤재·김윤경·최현배 등은 옥살이와 실직의 고통을 겪으면서도 조선어와 한글 연구, 어문규범 제정과 사전 편찬에 전념했다.

그때의 실직은 생활상 큰 위협이 아닐 수 없었다. 그러나 나는 의식에 대한 걱정은 조금도 하지 않고, 다만 배달말과 한글의 장래에 대한 근심만 부풀어 올랐다. 만약 이 전쟁이 일본의 승리로 돌아간다면, 오늘까지 우리가 쌓아올린 한글 연구는 그 흔적조차 알 수 없을 것인즉, 나는 오늘까지의 한글에 관한 지식을 책자로 남겨서 후손들에게 물려주어야겠다고 생각했다.[14] – 최현배

일제의 동화정책은 시간이 갈수록 강화되었고, 국시 위반 행위는 처벌을 받았다. 조선총독부의 사찰과 강력한 통제 속에서 조선어학회는 학술 단체라는 점을 강조하면서 간신히 명맥을 잇고 있었다. 하지만 요시찰 단체로서 감시의 눈을 피할 수 없었고, 조선총독부의 시정방침에서 완전히 자유로울 수도 없었다. 학회원들은 일제가 강요하는 국방헌금·신사참배·근로봉사 등의 굴욕적인 요구를 들어주면서 표면적으로는 조선총독부에 유화적인 태도를 취했다. 학회가 일제의 괴롭힘과 시달림 속에서도 절대로 포기할 수 없었던 것은 잡지 『한글』 발행과 사전 편찬 사업이었다.

조선어학회는 한상룡 같은 친일 거두와도 친분을 유지하며 항일 단체가 아닌 척 행세했다. 학회의 대외 업무는 대부분 이극로가 담당했는데, 성격

양우회조선본부, 국민총력경성부연맹, 경성제빵조합 제작 포스터. '이 빵을 많이 먹고 체력을 키워 나라에 충성하자'는 내용이다. (민족문제연구소 소장)

도 활달하고 걸걸한 데다 수완이 있어 조선총독부와 경찰 관계 등 요소요소에 빈틈없이 손을 쓰고 다녔으며, 한상룡의 부인에게까지 명절 선물을 보내고, 사무실로 찾아오는 일본 형사들에게도 돈을 주어 그들의 의심을 무마시켰다. 자칫 친일로 오해받을 수 있는 위험한 행동이었지만 모두가 학회를 지키고, 한글운동을 지속하기 위한 고육지책이었고, 그것이 화를 피할 수 있는 유일한 선택지였다.[15]

일제는 1936년 8월에 '조선불온문서임시취체령'을, 1941년 12월에 '언

『한글』63호(1939). 신년을 맞은 조선신궁, 중국 한커우 함락을 축하하는 경성 시민의 모습과 '근봉하신 년' '황국신민서사'가 실렸다.

론·출판·집회·결사 등 임시취체법'에 응하는 '조선임시보안령'을 제정하여 정치적인 집회·결사에 대해서는 반드시 당국의 허가를 받도록 했으며, 신문·잡지 등의 발행도 허가제로 바꾸어 출판물에 대한 발행 정지나 압수 조치 등을 시행했다.

모든 출판물은 의무적으로 황국신민서사를 게재해야 했다. 이를 어길 경우 『한글』을 발행할 수 없으므로 학회도 예외 없이 황국신민서사를 게재했다. 한글을 알리고 지켜온 잡지에 황국신민서사와 일제를 찬양하는 글이 실린 것은, 조선 민족이 처했던 시련과 아픔을 1세기가 지나는 오늘날까지도 생생하게 전해준다. 잡지 『한글』의 일그러진 모습을 보며 '조선어학회 너마저'라고 한탄할 수도 있지만, 그것이 나라 없는 백성이 감수해야 했던 설움과 굴욕이었다.

영희의 일기장

1942년 3월, 함경남도 홍원군 홍원읍 전진역 대합실. 한복 차림에 모자를 눌러 쓴 청년 박병엽은 결혼을 앞둔 친구 지장일을 기다리고 있었다. 지장일은 서울협성실업학교를 함께 다니고 바다 건너 일본 메이지대학에도 함께 유학했던 둘도 없는 친구였다. 그런 친구가 결혼식 때 입을 관복을 빌리러 온다고 해서 병엽도 한껏 들뜬 마음으로 플랫폼을 바라보고 있었다. 그런데 그는 뜻하지 않은 불청객과 맞닥뜨렸다. 기차에서 내리는 승객들을 검문하기 위해 대합실에 나와 있던 홍원경찰서 보안계 형사 후카자와深澤가 한복 차림의 병엽을 수상쩍게 여기며 말을 걸었던 것이다.

"너는 누구냐?"

기분 나쁜 말투에 응수라도 하듯이 병엽은 '나는 박병엽이오'라고 퉁명스럽게 답했다. 형사들은 언제나 조선인을 죄인 다루듯 했다. 조선인은 어딜 가나 불심검문을 당할 수 있었고, 운수가 사나우면 경찰서에 끌려가 치도곤을 당할 수도 있었다. 조선 땅 전체가 '거대한 감옥'이라고 해도 과언이 아니었다. 후카자와는 생각했다.

'이 자는 국민복을 입지 않았고, 국어도 쓰지 않는 데다가 창씨도 하지 않으니, 불령선인不逞鮮人임에 틀림없다.'

조선인들은 일본인을 왜놈이라 불렀고, 일본인들은 조선인을 조센징(조선인)이 아닌 센징(선인)이라 불렀다. 조센징은 '조선인'의 일본식 발음이지만, '센징'에는 미개한 조선 민족을 깔보고 경멸하는 지배자들의 오만함이 담겨 있었다. 그리고 고분고분 말을 잘 듣지 않는 조선인들을 불량하고 불온한 조선인이라 하여 '불령선인'이라고 했다.

후카자와는 병엽의 신상을 캐물었다. 그런데 병엽이 아버지 박동규의 이름을 댔을 때, 자신도 모르게 멈칫했다. 그의 아버지 박동규는 내로라하는 홍원의 유력자이자 실업가였고 홍원읍의 유일한 사학 교육기관인 육영학원의 경영자요 갑부였다. 병엽의 아버지는 도지사나 경찰 간부들과도 두루 알고 지낼 정도로 행세깨나 하는 인물이었다. 내지인과 비교해 신분이 한참 처지는 천한 센징이라 해도 아버지가 박동규라면 함부로 대할 수는 없었다.

'괜히 건드렸다가 불똥이 튀는 건 아닐까?'

그러나 후카자와는 물러서지 않았다. 복장 불량, 언행 불량! 이 정도면 캐볼 여지는 충분했다. 후카자와는 병엽을 홍원경찰서로 연행했고, 고등계로 넘겨 수사를 의뢰했다. 고등계 주임 나카지마, 형사부장 야스다(본명 안정묵), 형사 이토伊東輝元(본성: 윤)는 병엽을 앞세워 가택수색에 나섰다.

박병엽은 1941년 10월 메이지대학 상과를 졸업했다. 집에는 병엽이 보던 책들이 무려 5천여 권이나 있었다. 지역 유지의 아들이라 해도 엄청난 양의 책을 소장하고 있었던 셈이다. 나카지마와 야스다 그리고 이토가 서너 시간에 걸쳐 책장과 책 더미를 이 잡듯이 조사했지만, 병엽을 구금하는 데 단서가 될 만한 물건은 나오지 않았다. 야스다는 병엽의 조카 박영희의 방까지 뒤졌지만, 꼬투리가 될 만한 것은 찾지 못했다. 낙담한 야스다는 서랍에서 발견한 영희의 일기장 두 권만 하릴없이 들고 나왔다.

그해 8월 여름방학을 맞아 집에 온 영희는 일기장이 없어진 것을 알았다. 병엽에게서 형사들이 가져갔다는 말을 듣고는 아연실색했다. 여학생의 은밀한 사생활이 담긴 일기장을 가져가다니, 어처구니가 없었다. 영희는 병엽에게 일기장을 찾아내라고 투정을 부렸고, 마지못해 병엽은 경찰서에 전화를 걸어 일기장을 돌려달라고 요청했다.

야스다에게는 목구멍에 걸린 가시 같은 놈이었다. 잡아다가 산송장이 되도록 문초를 해도 시원치 않을 판인데, 일기장을 돌려달라는 재촉까지 받았다. 야스다는 책상 서랍 안에 처박아두었던 박영희의 일기장을 꺼내 신경질적으로 책장을 넘기기 시작했다. 일기장을 훑어 내려가던 형사부장 야스다가 눈을 번쩍 떴다. 바로 정태진과 조선어학회의 운명을 좌우하게 되는 한 줄의 문장 때문이었다.

오늘 국어를 썼다가 선생님한테 단단히 꾸지람을 들었다.

'국어를 썼다가 혼났다고? 아니 어떤 선생이 국어를 썼는데 야단을 친 거지?' 국어를 사용한 기특한 여학생을 혼낸 불순·반역분자를 잡아들여야겠다고 마음먹은 야스다는 나카지마 주임에게 달려가 일기장을 보여주면서 당장 검거해야 한다고 고래고래 목소리를 높였다. 야스다의 성화로 급히 고등계 회의가 소집되었고, '국어 사용 건'에 대한 논의가 오갔다. 그 결과 관계 학생들에 대한 조사가 시작되었다.

사촌언니 영숙의 집에서 이야기꽃을 피우던 영희는 나카지마와 야스다에게 연행되었다. 취조실에 들어서자마자 야스다가 험상궂은 표정을 지으며 '국어를 썼는데 야단친 선생이 누구냐?'고 물었다. 영문을 몰라 어안이 벙벙해진 영희에게 그는 일기장을 펼쳐 보이며 다그쳤다. 영희는 자신이 쓴 글을 읽으며 생각에 잠겼다. 2년 전에 쓴 일기였다. '왜 저런 얘기를 일기장에 썼을까?' 기억이 가물가물했지만 머리를 쥐어짜니 무슨 일이 있었는지 어렴풋이 생각해낼 수 있었다.

"제가 철없을 때에 쓴 건데, '조선어'라고 쓸 것을 '국어'라고 잘못 썼습니다."

영희가 '국어'라고 쓴 것은 실상 일본어가 아닌 조선어였다. 1910년 이래 일본어를 국어로 가르쳤지만, 하루아침에 일본어가 모어인 조선어를 대신할 수는 없다. 영희가 2학년 때의 일이었다. 누가 그랬는지는 알 수 없지만 교실 벽에 걸린 '국어상용'이라는 표어가 거꾸로 붙어 있었다. 누구의 소행이든 일본어 사용을 강요하는 것에 대한 무언의 저항이었다. 학생들은 모른 척했지만, 학교로서는 간과할 수 없는 문제였다. 학교에서 국어상용을 철저히 해야 한다는 일장 훈시가 있었고, 그날 밤 영희는 감상적인 기분이 되어 문제의 일기를 썼던 것이다.[16]

"어떤 선생이 조선어를 국어로 생각하게 가르쳤나?"

1938년 3월 4일 개정 교육령을 통해 조선총독부는 '내선일체'의 깃발을 휘두르며 일본어 교육을 강화했다. 조선어 교육을 폐지하지는 않았으나, 소학교·중학교·고등여학교에서 조선어를 선택과목으로, 일본어를 교수용어로 정함으로써 대부분의 학교에서 일본어가 사용되었다. 1941년 3월 31일에는 국민학교령을 공포해 소학교를 국민학교로 개칭하고는 조선어 과목을 완전히 폐지했으며, 1942년에는 '국어전해운동'과 함께 '국어상용운동'을 전개하여 학교에서 조선어를 사용할 경우 벌금을 물리거나 체벌을 하기에 이르렀다.[17]

영화 〈말모이〉에 눈길을 끄는 장면이 나온다. 판수의 중학생 아들 덕진이 월사금을 내지 못해 일본인 선생에게 '빠따'를 맞는데, 덕진이 자신도 모르게 '엄마야' 하고 외마디 비명을 질렀다. 그 순간 선생은 '학교에서 조선어가 금지된 게 언제 적 일인지 모르느냐?'라며 덕진을 일으켜 세운 뒤 사정없이 따귀를 올려붙인다. 영화는 상상력으로 만드는 것이어서 사실과 다

무기를 만들기 위한 금속을 공출하는 장면 뒤로 큼지막하게 '국어상용' 표어가 걸려 있다. (정일성, 『인물로 본 일제 조선지배 40년(1906~1945)』, 지식산업사, 2010, 387쪽 수록)

른 내용이 첨가되기도 하고 과장되거나 부풀려지기도 하지만, 당시 학생들이 처한 현실은 영화 이상이었다.

어느 학교에나 교실 벽에 '국어상용'이라 적힌 표어가 붙어 있었고, 벌금통을 만들어 조선어를 쓸 때마다 1전씩 넣도록 한 학교도 있었다. 동덕고등여학교에는 곳곳에 '국어애용상자'가 설치되어 있었는데, 이름처럼 국어를 잘 쓴 학생들에게 포상을 하기 위함이 아니었다. 학교는 이 상자에 조선어를 사용한 학생들의 이름을 적어 넣도록 하고, 매주 월요일 상자를 열어 조선어 사용으로 고발된 학생들에게 응분의 처벌을 가했다.

국어애용상자뿐만 아니라 조선어 사용 학생에 대한 감시와 처벌은 일상적이었다. 한번은 여학생 셋이 언덕에 앉아 조선어로 소곤소곤 정담을 나누고 있었는데, 지나가던 교사가 발견하고는 어찌나 심하게 때렸는지 모두 코피가 터졌고 눈두덩이 시퍼렇게 멍이 들었다. 순식간에 봉변을 당한 학생들은 분한 마음을 가누지 못해 몇날 며칠 눈물을 흘렸다.[18] 요즘이라면 그런 폭력 교사는 학교에서뿐만 아니라 사회에서 추방당해 마땅하겠지만, 그때는 그런 세상이었다.

함경북도 길성국민학교에서는 국어를 사용하지 않은 학생의 '국어상용표'에 X표 도장을 찍고 '국어상용 위반장'을 목에 걸어주었다. '위반장'을 목에 건 학생은 국어를 사용하지 않는 다른 학생을 적발해야만 비로소 자신의 위반장을 넘겨줄 수 있었다. 하루 종일 귀를 쫑긋 세워도 위반장을 떠넘길 벗을 찾지 못해, 화장실에서 볼일 보는 친구에게 물을 끼얹고는 엉겁결에 조선어가 튀어나오면 '위반장'을 목에 걸어주는 비열한 방법을 동원하기도 했다. 일제는 이렇듯 어린 학생들 사이를 이간질시키고 서로를 감시하고 고발하게 만들었다. 또한 '국어상용표'에 X표 도장을 3회 이상 받은 학생은 정학 처분했다.[19]

2년 전 여학생이 일기장에 쓴 감상적인 문구. 국어상용을 강요하는 조선총독부 시책에 대한 조선인 여학생의 가녀린 저항. 뭔가 꼬투리를 잡아 덤터기를 씌우겠다는 야스다였지만 더 이상 영희를 추궁할 건더기가 없었다. 하지만 아무런 소득도 없이 그대로 물러설 수는 없었다. 생각에 잠긴 야스다에게 묘안이 떠올랐다.

'조선어를 국어라 생각한 영희를 경찰에서 처벌할 근거는 없다. 그러나 영희에게 조선어를 국어라고 생각하게끔 가르친 선생은? 그 선생이야말로 사상적으로 삐딱한 불순분자가 아닌가?'

야스다는 다시금 영희를 추궁했다.

"도대체 어떤 선생이 너에게 조선어를 국어로 생각하게 가르쳤나?"

상황은 심상치 않은 국면으로 접어들었다. 야스다는 영희뿐만 아니라 영희의 일기장에 자주 등장하는 동급생 이성희, 이순자, 채순남, 정인자 등을 홍원경찰서로 연행해 취조하기 시작했다. 여학생들은 선생님을 지키기 위해 조선어를 국어라고 가르치거나 민족의식을 강조한 선생님은 없고, 그저 영희가 스스로 그렇게 생각했을 뿐이라고 항변했다. 하지만 어르고 빰치는 형사들의 집요한 추궁에 시달린 끝에 정태진, 김학준과 일기장에 도장을 찍은 담임 최복녀 등 세 교사의 이름을 대고 말았다.

'국어를 썼다가 혼났다'고 쓴 일기장에 도장을 찍은 담임교사 최복녀의 잘못은 무엇이었을까? 최복녀에게 '국어'는 일본어였을까, 조선어였을까? 문제의 표현을 읽으면서 영희의 '국어'가 '조선어'라는 점을 이해했을 가능성이 높지 않을까? 단지 '국어상용'만을 강요하는 데서 그치는 것이 아니라 '조선어 금지'라는 목표에 따라야 하는 학교의 참담한 상황을 학생들 못지않게 잘 알고 있지 않았을까? 그래서 '국어'가 아니고 '조선어'라고 고쳐 쓰게 했다면 아무런 일도 일어나지 않았을까?

8월 말 세 교사의 이름을 확보한 홍원경찰서는 니노미야二宮 서장 주재로 회의를 열었다. 니노미야는 일기장에 적힌 문구만으로 사건을 만드는

데 회의적이었지만, 나카지마 주임과 야스다가 적극 주장하여 수사를 계속
한다는 방침을 정했다. 그들은 현직에 있어 도주의 우려가 없는 김학준과
최복녀의 신문을 뒤로 미루는 한편 사전 편찬원으로 조선어학회에 근무
중이던 정태진에게 출두 명령서를 발부했다.

민족주의자를 일망타진하겠다는 일제의 야심, '조선어학회사건'

1938년 3월 조선교육령을 개정한 조선총독부는 조선어 교육 폐지에 착수했다. 1939년 영생고등여학교에서도 조선어 과목이 폐지되었고, 민족교육에 대한 탄압이 점점 강화되는 상황에서 교사로 일하는 것에 한계를 느낀 정태진은 1940년 5월 학교를 떠나게 되었다. 실의에 잠겨 있던 그에게 연희전문학교 동기 정인승이 함께 조선어사전을 만들자고 제안했고, 1941년 4월 23일 조선어학회의 사전 편찬원이 되었다.[20]

찌는 듯한 더위가 채 가시지 않은 1942년 8월의 어느 날, 정태진 앞으로 출두 명령서가 날아들었다. 겉봉에 적힌 발신자는 홍원경찰서였고, 치안유지법 피의사건의 증인으로 9월 5일 출두하라는 내용이었다.

'홍원? 피의사건의 증인이라니? 무슨 일이지? 영생여학교 제자들에게

무슨 화라도 생긴 것일까? 함흥을 떠나온 지 1년이 훌쩍 지났는데, 도대체 무슨 사달이라도 난 것일까?'

제자들과 함께 민족어의 소중함을 나누고, 동서양의 사상과 예술, 간디의 무저항주의, 톨스토이의 인도주의, 그리스도의 사랑을 얘기하며 열정을 불태우던 날들이 주마등처럼 스쳐 지나갔다. '가끔 수업 시간에 마의태자나 이차돈의 순교, 임란 때 적장을 껴안고 대동강에 몸을 던진 평양 기생 계월향의 일화 등 조선의 옛 역사를 가르친 것이 문제가 된 것일까?' 궁금증과 알 수 없는 두려움에 조바심이 났지만 정태진은 밤을 새워가며 사전 편찬에 매달렸다.[21]

검거가 시작되다

9월 5일 정태진은 한창 바쁜 때 자리를 비우게 되어 미안하다며, 동료들에게 연거푸 머리를 조아린 뒤 '잠깐 다녀오겠다'는 말을 남기고 길을 나섰다. 여행자들은 미지의 세계에 대한 설렘으로 기차에 오르고, 타향살이에 지친 귀향자들은 고향에 대한 그리움으로 기차에 오른다. 일자리를 찾아 이동하는 구직자들은 덜컹거리는 객차 안에서 눈을 붙인 채 잠시 고된 삶에 쉼표를 찍는다. 누군가는 사무치게 그리운 사람을 만나기 위해, 누군가는 평생의 도반을 만나기 위해 기차에 오른다. 저마다의 욕망을 싣고 달리는 기차에 오르는 정태진의 머릿속은, 자신을 기다리고 있는 알 수 없는 운명에 대한 물음표로 가득 차 있었다.

정태진을 태운 기차는 경성을 출발해 원산과 함흥을 지나 홍원에 이르렀다. 미국 유학 전후로 11년간 근무했던 영생여학교에서 가까운 홍원이기에 아주 낯설진 않았지만, 그를 기다리고 있는 것은 따뜻한 환영의 미소로 손을 흔들며 반겨줄 옛 동료나 사랑스러운 제자들이 아니었다. 아니나 다를까, 홍원경찰서에 도착하자마자 그의 신분은 증인에서 피의자로 바뀌었다. 이후 20여 일 동안 계속된 고문으로 정태진은 초주검이 되었다. 그의 삶은 단 한 번도 예상치 못했던 나락으로 떨어지고 있었다.

"모든 국민은 고문을 받지 아니하며, 형사상 자기에게 불리한 진술을 강요당하지 아니한다." 대한민국 헌법 제12조에 고문 금지가 명시돼 있다는 것은 역사적으로 고문 피해자들이 많았다는 반증이다. 고려나 조선과 같은 전근대나 일제강점기를 차치하더라도 이승만, 박정희, 신군부 정권에서 발생한 숱한 공안사건들이 대부분 고문에 의해 조작되었다. 1948년 수도경찰청 고문치사사건, 1958년 조봉암사건, 1964년 인혁당사건, 1971년 서승·서준식 형제 간첩사건, 1973년 최종길 교수 고문치사사건, 1975년 재일동포 유학생 간첩단 조작사건, 1985년 김근태 고문사건, 1986년 부천경찰서 문귀동 성고문사건, 1987년 박종철 고문치사사건, 1989년 미술인 홍성담 고문사건 등에 이르기까지 고문의 역사는 떠올리는 것만으로도 고통스럽다.

결국 9월 20일이 되어서는 도저히 버텨내지 못하게 만신창이가 되었고, 9월 25일에는 마침내 항복하게 되었습니다. 하루만 더 버티면 여기서 나갈 수 있는 마지막 날이 된다는 것을 알았지만 더 버틸 수 없었습니다. 그날 그들은 집단 폭행을 가한 후 본인에게 알몸으로 바닥을 기며 살려달라고 애원하며 빌라고 했습니다. 저는 그들이 요구하는 대로 할 수밖에 없었고, 그들이 쓰라는 조서 내용을 보고 쓸 수밖에 없었습니다.[22]

1985년 서울대 민주화추진위원회 배후 조종 혐의로 연행되어 남영동 대공분실에서 전기 고문과 물고문을 당한 김근태가 1985년 12월 19일에 열린 첫 재판에서 폭로한 내용이다. '내일이면 나갈 수 있다는 사실을 알면서도 굴복할 수밖에 없었다'라는 그의 말에서 고문을 당해보지 않은 사람은 절대 알 수 없는 고통과 공포를 짐작할 수 있을 뿐이다. 고문은 인간으로 하여금 인간이기를 포기하도록 하는, 인간을 파괴하는 가장 비열하고 반인륜적인 범죄다.

영화에서 스파이들이 독극물을 소지하고 다니는 이유는 절대로 적에게 넘어가서는 안 되는 중요한 정보가 누설되는 것을 미연에 방지하기 위해서다. 작전에 투입되기 전 스파이들은 상상을 초월하는 지옥 훈련을 받는다. 그 가운데에는 고문을 당할 경우 절대 불지 않는 훈련도 있다. 하지만 막상 고문을 당하게 되면 입을 다물기 어렵다. 침묵으로 신념과 조직과 동지들을 지킬 수 있다고 그 누구도 장담할 수 없다.

홍원경찰서에서 정태진을 고문한 것은 박영희의 일기장을 뒤진 야스다였다. 정태진은 천성이 점잖고 과묵한 학자였다. 학생들에게 불온한 사상을 주입한 적도 없고 조선어학회는 독립운동 단체가 아니라고 진술했지만, 어느새 제자들에게 민족정신을 주입한 사상이 불순한 교사가 되어 있었고 조선어학회는 불순한 독립운동 단체가 돼 있었다. 정태진에 대한 취조와 신문이 합법적으로 이루어졌다면 이 같은 일은 일어나지 않았겠지만, 당시 법은 조선인들을 위한 것이 아니었다. 고문은 그의 육체와 정신을 파괴했고, 정태진은 거짓 진술서에 도장을 찍었다.[23]

1942년 10월 1일

사전 편찬실은 숨 돌릴 틈 없이 분주했다. 잠시 다녀오겠다는 사람이 보름이 지나도록 돌아오지 않았다. 이극로와 정인승은 한창 바쁜 때 함흥차사인 정태진을 기다리다 지쳐 '정신 나간 사람 아니냐?'고 짜증을 내기도 했다. 두 사람이 영문도 모르고 불만과 푸념을 토할 때, 정태진은 경찰의 고문으로 하루에도 몇 번씩 기절했다 깨어나기를 반복하고 있었다.

이극로는 1, 2층을 수도 없이 오르락내리락했고, 정인승, 권승욱, 이중화 등은 밤이 깊도록 퇴근하지 못하는 날이 많아졌다. 9월의 마지막 밤, 그날

도 정인승은 이극로, 권승욱과 함께 사전 원고를 정리하다가 이튿날 새벽에야 퇴근했다. 피곤한 몸을 잠시나마 누일 생각으로 집에 들어섰을 때, 종로경찰서와 홍원경찰서에서 온 두 명의 형사가 그를 기다리고 있었다. 그 길로 연행된 정인승은 종로경찰서에 수감되었다. 왜 끌려왔는지 영문도 모른 채 하루가 지났다.

이른 아침부터 형사들의 방문을 받은 이석린은 두 살배기 아들과 어머니가 보는 앞에서 연행되었다. 무슨 일이냐고 물었지만 형사들은 가보면 안다면서 집에 있던 책과 원고 등을 싹싹 쓸어 담았다. 이석린이 끌려간 곳은 경기도청 안에 있는 경기도 경찰부 유치장이었다. 오후 1시쯤 되었을 때, 이극로도 끌려 들어왔다.

"도대체 무슨 일일까요?"

불안해하는 이석린에게 이극로가 말했다.

"아무래도 지난달 정태진 선생이 홍원에 출두한 게 뭔가 잘못된 것 같네. 정 선생이 무슨 얘기를 했는지는 모르지만, 이런 일을 대비해서 국민총력조선연맹 사무국장 한상룡 씨에게 불의의 일이 발생할 경우, 힘써달라고 부탁해두었으니, 너무 걱정하지 말게. 이 문제는 정치적으로 해결되겠지만 시간은 좀 걸릴 거야. 그간의 일을 묻거든 그동안 정부 시책에 순응했지만, 목구멍이 포도청이라 사전 만드는 일을 계속할 수밖에 없었다고 말하게."

목구멍이 포도청이라 일만 했다는 말은 평소 이극로가 편찬원들에게 수시로 다짐시키던 것이었다. 조선인에 대한 탄압이 일상화돼 있었기에, 학회도 불상사가 생길 경우를 대비해 나름의 대비책을 준비하고 있었다. 이극로는 이번 일도 큰 탈 없이 정치적으로 잘 해결될 것이라고 생각했다. 그러나 사건은 전혀 다른 방향으로 흘러갔다.

10월 1일 새벽, 월파 김상용 등 이화여전 동료들과 등산을 가기 위해 채비하던 이희승은 갑자기 들이닥친 형사들에 의해 서대문경찰서로 연행되었다가 경기도 경찰부 유치장에 갇혔다. 그는 불안하고 초조하기보다는 궁금했다. '도대체 무슨 일이 터진 것일까?' 몇 시간이 지나자 장지영, 최현배, 김윤경 등이 차례로 들어왔다.[24]

'민족주의자들의 씨는 한 톨도 남기지 않겠다'

10월 2일, 검거된 회원들이 한자리에 모였다. 정인승, 이중화, 장지영, 이극로, 최현배, 한징, 이윤재, 이희승, 김윤경, 권승욱, 이석린 등 모두 11명이었다. 이들은 2일 밤 9시경 종로에서 전차를 타고 경성역으로 호송된 다음 함흥행 기차에 올랐다. 3일 새벽 함흥역에서 내린 이극로, 권승욱, 정인승은 함흥경찰서로 끌려갔고, 나머지는 전진역에서 하차하여 홍원경찰서에 수감되었다. 사람만 잡힌 것이 아니었다. 조선어학회 편찬실을 먼지 털듯 샅샅이 뒤진 형사들은 편찬실의 사전 원고와 관련 자료들을 비롯해서 각 회원 집에 있던 한글 관련 서책, 일기장, 개인 자료 등을 모조리 압수했다.

일경은 압수한 자료를 면밀히 검토하여, 그동안 학회를 직간접으로 도운 인사들을 비롯해 사건 관련자 명단을 작성하고 수개월에 걸쳐 전국을 이 잡듯이 수색했다. 이번 사건을 구실로 간신히 명맥을 유지하고 있던 민족주의자들의 씨를 한 톨도 남기지 않고 일망타진하겠다는 의도였다. 이극로, 최현배 등이 검거되었다는 소식은 삽시간에 장안에 퍼졌고, 학회를 지원하던 인사들에게도 불똥이 튈 것이 뻔했지만, 딱히 피할 방법은 없었다.

10월 18일 의령 자택에서 이우식이 검거되었고, 19일 김법린이 동래에서 체포되었다. 20일에는 정열모, 21일에는 이병기, 이만규, 이강래, 김선기 등이 서울에서 검거되었다. 23일에는 서승효, 안재홍, 이인, 김양수, 장현식, 정인섭, 윤병호, 이은상이, 1943년 3월 5일에는 김도연이, 6일에는 서민호가 붙잡혔고, 3월 말부터 4월 1일에 걸쳐 신윤국, 김종철이 검거되었다. 권덕규와 안호상은 신병으로 구속은 면했으나, 10월 1일부터 이듬해 4월까지 모두 33명이 검거되었다. 이 사건의 증인으로 취조를 받은 이들이 약 50인이었는데, 백낙준, 곽상훈, 방종현, 정세권, 김두백, 민영욱, 임혁규 등도 홍원경찰서 유치장까지 끌려가 곤욕을 치렀다.[25]

이인은 함께 검거된 이은상, 서승효, 윤병호, 정인섭 등과 포승줄에 묶인 채 홍원행 열차에 올랐다. 기차 안에서도 한 사람당 두 명의 형사로부터 엄중한 감시를 받았다. 일체의 대화가 금지되어 눈만 끔벅거리며 서로 바라볼 뿐이었다. 이인은 함흥역에서 내리고 나머지는 홍원까지 호송되었다. 변호사 이인을 다른 피의자들로부터 떼어놓기 위한 일경의 의도적 분산책

조선어학회사건 33인

구속(31인)	불구속(2인)
권승욱, 김도연, 김법린, 김선기, 김양수, 김윤경, 김종철, 서민호, 서승효, 신윤국, 안재홍, 윤병호, 이강래, 이극로, 이만규, 이병기, 이석린, 이우식, 이윤재, 이은상, 이인, 이중화, 이희승, 장지영, 장현식, 정열모, 정인섭, 정인승, 정태진, 최현배, 한징	권덕규, 안호상

이었다.

이인이 끌려간 함흥경찰서 유치장은 신사참배를 거부한 인근 지역의 기독교인들로 초만원이었고, 유도회의 독립 자금 모금사건 관련자들도 있었다. 어찌나 많은 사람들을 잡아다 놓았는지 콩나물시루나 다름없었다. 잠을 잘 때도 다리조차 뻗을 공간이 없어, 서로 무릎을 베고 눕거나 얼기설기 다리를 엮은 채로 자느라 밤새 뒤척였다.

이인의 혐의는 대략 일곱 가지였다. 학회 후원 문제를 비롯해서 조선기념도서출판관, 양사관, 과학보급회, 물산장려운동, 1927년 벨기에 브뤼셀에서 열린 세계약소민족대회에 돈 200달러를 부쳐 김법린의 참가를 도운일 등을 집중적으로 신문당했다.

조선기념도서출판관은 이극로가 제안해 1935년 조선어학회 자매기관으로 설립한 것이었다. 발기인은 이희승, 이은상, 이극로, 최현배, 정인승, 정인섭, 이윤재, 김윤경, 이인 등이었고, 관혼상제에 비용을 허비하는 대신 양서를 출판해 문화를 증진하고 허례허식 없는 사회 기풍을 세우자는 뜻에서 시작했다. 출판관에서 나온 첫 출판물은 이인이 양친의 회갑 비용을 기부해 만든 김윤경의 『조선문자 급 어학사』(1938)였는데, 일경은 바로 이 출판 비용을 문제 삼은 것이었다.

양사관은 음으로 양으로 학회를 돕고 있던 이우식의 아이디어였다. 그는 '민족의식이 강렬한 학자일수록 생활이 참혹하다'고 혀를 차며 '이들을 한 곳에 모아 공동 연구도 하고 창작 저술도 할 수 있게 돕는 기관을 만들자'고 했다. 이우식이 천 석쯤 되는 재산을 내놓겠다고 했고, 마침 정세권이 가회동의 큰 집 한 채를 내놓았으며, 대구의 전 참판 곽종석가에서 장서 1만 8천 권을 기증하기로 약속해 만반의 준비를 갖추었으나, 조선총독부로부터 설립 인가를 받지 못했다.[26]

신문은 매일 밤 11시경에 반복되었다. 원하는 대답이 나오지 않으면 여럿이 한꺼번에 달려들어 몽둥이와 죽도 등을 마구 휘둘렀다. 한 번 맞으면 보름씩 말을 할 수 없었다. 이인은 이가 빠지고 엄지와 검지 사이, 그리고 양쪽 귀가 찢어지는 부상을 입었다. 무자비한 고문으로 이인은 평생 쪽박 귀가 되었고, 손가락을 완전히 펴지 못했다.

고문 기술자들과 사라진 인권

각지에서 잡혀온 조선어학회 회원들은 함흥과 홍원으로 분산 유치됐다. 이극로·정인승·권승욱·이강래·이만규·김선기·김법린·정열모·이인 ·장현식·이은상·서민호·윤병호·서승효·정인섭 등이 갇힌 함흥경찰서, 이중화·장지영·최현배·한징·이윤재·이희승·김윤경·이석린·이병기 등이 갇힌 홍원경찰서는 지옥이나 다름없었다. 이렇다 할 증거가 없었지만, 형사들은 온갖 수단을 동원해 사건을 만들려고 했고, 자신들이 원하는 내용을 자백할 때까지 끊임없이 폭력을 휘둘렀다.

함흥경찰서에서 가장 악독한 고문 기술자는 형사부장 시바타柴田健治(본명 김건치)였다. 시바타는 불문곡직하고 폭력을 행사했다. 때리면 때릴수록 흥이 나는지 점점 더 강도가 높아졌다. 시바타는 고문을 즐겼고, 정인승, 이

극로, 권승욱 등은 속절없이 당했다. 정인승은 참을 수 없는 고통에 내 몸이
아니라 생각하며 이를 악물었다.

"정인승, 너는 악질 중에 악질이야. 조선어학회 사무실에서 이극로와 밤
낮 붙어 앉아 이극로가 대통령이 되고 너는 문부대신이 되고 아무개는 어
느 부서에 앉힌다는 모의를 했지?"

체격이 좋은 이극로는 한층 강도 높은 폭력과 고문에 시달렸는데, 그는
고문을 당할 때마다 호랑이처럼 비명을 질렀다. 손톱 발톱이 빠졌고, 몸에
온갖 상처를 입었으며 늑막염이 생겼다. 날마다 이어지는 고문에 굴복한
것은 10일 만이었다. 이극로, 정인승, 권승욱 등은 시바타와 고문자들에게
서 한시라도 벗어나고픈 마음에 그들이 원하는 대로 시인했다. 지옥이 따
로 없었다. 함흥에서 초주검이 되도록 치도곤을 당한 회원들은 3주 후 홍
원으로 이송되었다.

고문의 이유는 증거가 없어서

홍원경찰서에서는 형사들이 검도를 수련하는 '무덕전'에서 고문했다. 함
흥에서 온 형사들과 홍원의 형사들이 번갈아가며 한 사람씩 불러내 신문
을 하면서 자술서를 쓰게 했다. 맞춤법 통일안 제정, 표준어 사정 등의 일에
관여했다고 쓰면 그 자리에서 발기발기 찢으며 '조선의 독립을 위해 상하

　　　　　　　　　　　　　　　　　　　　나라말이 사라진 날

이 임시정부의 지시로 사전을 만들고 있었다'라고 쓸 것을 강요했다.

그들은 어휘카드에서 '태극기는 대한제국의 국기' '창덕궁은 대한제국 황제 순종이 거처하던 궁궐'이라 주석한 것을 '민족정신을 함양하기 위한 것이 아니냐?'라고 추궁했고, '왜 임진왜란이라고 '왜' 자를 썼느냐?'라고 따졌으며, '서울'에 대한 주석이 '도쿄'보다 길고 자세하다며 생트집을 잡았다. 단군, 백두산, 무궁화, 이왕가 등에 대한 주석에도 시비를 걸었다. '그런 게 아니다'라고 부인하면 잔인하게 고문했다. 고문을 하는 이유는 증거가 없기 때문이었다.

특히 이윤재는 감당할 수 없는 모욕을 당했다. 처음 이윤재를 만났을 때 시바타는 '이 선생, 웬일이십니까?'라고 정중하게 인사했다. 시바타는 이윤재의 중앙고보 제자였다. 하지만 불과 며칠 후 시바타는 태도를 180도 바꾸었다.

"네가 역사 시간에 학생들에게 일본을 배척하는 내용을 가르치는 걸 들었는데 아니라고? 윤재야, 네까짓 놈이 선생이냐? 개X 같은 놈, 맛 좀 봐야 바른 대로 대겠느냐?"

스승의 그림자도 밟지 않는다 했거늘, 시바타는 하늘 같은 스승을 쥐 잡듯이 인정사정없이 무지막지하게 팼다. 패륜아가 따로 없었다. 모두가 고문에 시달렸지만 이극로는 조선어학회 대표라는 이유로, 이윤재는 상하이에서 김두봉을 만났다는 이유로 더 극심한 고초를 겪었다.

조선어사전편찬회 조직을 준비하던 1929년 7월경, 이윤재는 상하이에서 활동하고 있던 김두봉을 만나 교섭했었다. 이윤재는 김두봉에게 귀국해서 사전 편찬을 도와달라고 부탁했다. 그러나 김두봉은 '독립운동의 뜻을 이루지 못한 채 무슨 면목으로 고국에 돌아가겠느냐'며 거절했다. 낙담한 이윤재가 '우리가 계획하고 있는 사전 편찬을 위해 그동안 써놓은 원고라도 빌려주면 가지고 돌아가 사전 편찬의 기초로 삼겠다'라고 부탁했으나, 김두봉은 '그것도 손을 좀더 대어서 정리하기 전에는 쓸 것이 못 된다'라며 거절했다. 천만리 먼 길을 달려왔건만 상황은 절망적이었다. 이윤재는 허무하고 허탈한 심정을 달래며 애원했다.

"아직 정리를 못한 것은 나중에 보내주시더라도 현재 완성된 원고만이라도 주실 수 없습니까?"

"그것도 안 될 말이지. 만일 그 원고를 정 원하거든 내 생활비를 좀 보내주면 시간을 내어 수정하여 보내도록 하지."

아무런 소득도 없이 무거운 발걸음을 이끌고 돌아온 이윤재는 그날부터 돈을 구하기 위해 사람들을 만났지만, 아무도 선뜻 돈을 내주지 않았다. 백방으로 수소문한 끝에 안국동에서 중앙인서관을 운영하고 있던 이중건에게서 200원을 회사받아 김두봉에게 보냈다. 그러나 학수고대하던 원고는커녕 편지 한 장 오지 않았다. 김두봉이 있는 상하이 쪽 하늘을 초조하게 바라보던 어느 날, 《동아일보》 특파 기자로 상하이에 간 김두봉의 동생 김두백을 통해 전언이 왔다.

사전 원고 정리는 장구한 시간을 요하는 것이니 그것보다도 신철자법을 속히 보급시키는 것이 중요하니 대중이 많이 읽는 서적을 신철자법으로 많이 박아내는 것이 첩경이다.

황당했다. 배신감도 느꼈다. 김두봉이 한없이 원망스러웠지만, 사정이 있으리라 생각했다. 사전 편찬을 위해 김두봉에게 도움을 요청했던 이윤재의 노력은 수포로 돌아갔다. 그러나 야스다를 비롯한 고문자들은 이 일을 꼬투리 잡아 조선어학회가 상하이임시정부의 지시를 받아 사전을 편찬하는 것으로 몰아갔으며, 200원도 조선어학회가 김두봉에게 독립운동 자금으로 보낸 것이라며 자백을 강요했다.

'국어를 썼다가 혼났다'라는 여학생의 일기를 빌미로 정태진과 조선어학회 관련자들을 모조리 검거해 신문하고 고문을 가해 원하는 자백을 얻어냈지만, 기소하기에는 구체적인 범죄 사실도, 물증도 없었다. 홍원경찰서는 물론 함경남도 경찰부의 간부들도 기소하는 것은 무리라고 판단하고 있었다. 그러나 식민통치가 시작된 이래 상황은 언제나 조선인들에게 불리한 방향으로 흘러갔다.

그즈음 조선총독부 경무국 외사과장이 현지 시찰을 나왔다. 사건 담당자들은 학회 관련자들을 어떻게 처리할지 자문했다. 외사과장도 판단하기 어려운 민감한 사건이어서, 즉답을 할 수 없었다. 그는 상부에 보고해서 결정하겠다며 돌아갔다. 얼마 후 조선총독부로부터 위험분자는 모두 검거하여 엄중히 처벌하라는 예비검속령이 내려왔다. 함흥과 홍원의 경찰은 '학회 관계자들을 엄중 조치하라'는 명령으로 자의적으로 해석하고는 폭언과 협박, 폭력, 고문 등 온갖 수단을 동원해 치안유지법 위반사건으로 몰아갔다.

홍원경찰서에서 최고 악질은 야스다였다. 시작은 각목이나 목총으로 인정사정없이 후려치는 '육전'이었다. 몽둥이가 허공에서 떨어질 때마다 비명이 터졌고, 뼛속까지 파고드는 날카로운 고통에 몸을 바동거리지만, 어느 순간 감각이 사라지면 아픈 것도 느끼지 못했다. 육전 다음은 '해전'이었다. 콧구멍으로 물이 들어가면 삽시간에 배가 부풀어 오르면서 이내 정신을 잃고 혼절했다. 고문을 가하던 형사들은 의식을 잃은 피의자에게 주사를 놓고 약을 먹여 회생시킨 다음 또다시 고문했다. 극악무도한 짓을 되풀이하면서도 그들은 눈 하나 깜빡하지 않았다.

해전이 끝나면 '공전'으로 넘어갔다. 두 팔을 뒤로 묶고 팔 사이에 작대기를 끼어 밧줄로 천장에 달아맨 다음 짚단으로 받친 채 신문을 했다. 매달린 것만으로도 팔이 빠지고 온몸이 부서질 것 같은데, 모른다거나 아니라고 하면 짚단을 빼고, 달아맨 줄을 빙빙 꼬았다가 놓았다. 꼬인 줄이 일시에 풀리면서 팔이 떨어져 나가는 고통과 어지러움으로 혀를 빼물고 기절했다. 비행기태우기를 당하면 너나 할 것 없이 반쯤 넋이 나갔다. 야스다가 '사실이지?' 하고 물으면 의지와 상관없이 절로 고개가 끄떡여졌다.

야스다와 시바타는 '사람 백정'이었다. 사실 그들은 조선인이었다. 야스다의 본명은 안정묵, 시바타는 김건치였지만, 일본인보다 악랄한 일본의 개가 되어 있었다. '사람 백정' 앞에서는 고명한 학자들도 고문을 이겨낼 수 없었다. 불문곡직 당하는 구타와 고문도 끔찍했지만, 가장 힘든 일은 동료들이 고문당하는 모습을 목격하는 것이었다. 동료가 안타깝고 측은하기도 했지만, 곧 나도 저 꼴을 당하리라는 본능적인 공포 때문이었다.

고문자들은 지조와 절개를 생명처럼 여기는 학자들에 대한 인격 살인도 마다하지 않았다. 얼굴에 먹칠을 하고 등에다 '나는 허언자입니다'라는 글을 써 붙인 채, 동지들 앞을 돌아다니면서 '나는 허언자입니다. 용서하십시오'라고 말하도록 강제했다. 동료들끼리 뺨을 때리게도 했다. 차마 동료를 때릴 수 없어 시늉만 하면 더 세게 때리라며 마구 폭력을 휘둘렀다. 눈물을 흘리면서 동지의 얼굴을 때리는 이들의 가슴이 갈가리 찢어져 나갔다.

회원들 대부분은 검거 때까지 창씨개명을 하지 않고 있었는데, 그 또한 반일 사상의 증거라며 겁박했고, 옥바라지를 하러 온 가족을 협박하는 등 온갖 수단을 동원해 강제로 창씨개명을 하게 했다. 김윤경은 성 앞에 '大'자를 붙여 '오가네大金'로, 이희승은 '기노시타木下'로 창씨했다. '목하(기노시타)'는 이희승이 무식한 야스다를 조롱하는 의도로 단군신화의 '신인이 태백산 박달나무 아래로 내려왔다有神人降于太白山檀木下'라는 문장에서 따온 것이었지만, 여하간 이들에게는 가문의 성을 지킬 수 있는 권리도 힘도 없었다.[27]

일제의 법은 식민통치를 위해 존재할 뿐

법은 죄인을 심판하기 위해 만들어진 것이기도 하지만, 무고한 시민을 지키기 위한 것이기도 하다. 조선형사령과 일본 형사소송법은 경찰과 검찰에 의한 인신 구속 기간을 엄격하게 제한하고 있었다. 조선형사령 제13조에 따르면, 사법경찰관이 피의자를 신문한 후에 구류의 사유가 있어도 10일을 초과할 수 없었다. 조선형사령 제15조와 형사소송법 제257조에 따르면, 검사는 피의자를 구금한 후에 10일 내에 공소를 제기하거나 석방해야 했다. 구류 기간은 형사소송법 제113조에 따라 2개월이며 1개월마다 갱신할 수 있으나, 조선형사령 제16조에서는 각각 3개월, 2개월로 연장했다. 그러나 치안유지법 제23조에서는 형사소송법에 따르면서 통산하여 구류 기간을 1년을 넘지 못하도록 했다. 형사소송법 제89조와 치안유지법 제20조에 따르면 구인된 피의자 신문은 48시간 이내에 끝내야 하고, 그 시간 안에 구류장을 발부받지 못하면 석방해야 했다.

이를 감안하면 경찰 수사 단계에서 피의자는 체포된 지 48시간 이내에 신문을 받은 후 구류장이 발부되어야 하며, 구류는 10일을 초과할 수 없었다. 정태진은 1942년 9월 5일, 이극로는 10월 1일에 체포되었다. 그런데 경찰 조사는 1942년 말에 시작되어 이듬해 3월 15일에 종료되었으니, 사건이 발생하고 무려 6~7개월이 지난 후에야 경찰 수사가 끝난 것이다. 인권 보호를 위한 법규를 정면으로 위반한 것이었지만, 일경은 그들의 불법

수사를 정당화할 수단을 가지고 있었다.

일본의 국체에 반하는 불령선인에 대한 장기 구금 수사를 하면서 조선총독부는 연속범의 해석을 통해 불법을 회피했다. 즉 연속범은 실체법상 일죄로서 형벌권이 하나이기 때문에 공소권과 관련해서는 1개로 공소 절차에서는 분할할 수 없지만, 수사 과정에서는 각 범죄 사실을 여러 개의 사건으로 분할 취급했다. 조선어학회사건 피의자들의 행위는 수년에 걸쳐 지속적이고 반복적으로 이루어졌다고 주장하면서 각각의 행위마다 열흘씩 구류 기간을 산정해 기간을 늘린 것이다. 인권을 보호하기 위해 구류 기간을 제한하고 있었지만, 이런 최소한의 규정조차 적용되지 않고 경찰의 수사 편의를 위해 활용되었다. 풀려날 날을 기약할 수 없는 암담한 상태에서, 경찰은 피의자들을 고문하며 사건을 입맛대로 조작했다.

피의자들을 유치한 장소 역시 명백한 법률 위반이었다. 형사소송법 제1조는 '재판지를 피고인의 범죄지 또는 피고인의 주소나 거소 또는 현재지'로 규정하고 있었다. 사건의 효율적 처리와 피고인의 방어권을 보호하기 위함이었다. 그러나 조선어학회사건의 피고인은 많고 또 범죄지는 넓지만 핵심 인물들은 모두 서울에 거주하고 있었고, 사전 편찬실도 서울에 소재하고 있었다. 따라서 수사는 물론 재판 역시 서울에서 열어야 하는데, 홍원과 함흥에서 수사와 재판이 진행되었다. 법을 어기면서 재판지를 범죄지도 현재지도 아닌 함흥으로 한 배경은 사건이 널리 알려지는 것을 원치 않았기 때문이었고, 특히 외신의 주목을 피하기 위함이었다.[28] 일제의 법은 오로지 원활한 식민통치를 위해 존재했다.

옥살이의 즐거움

그해 겨울 홍원에는 무릎까지 찰 정도로 많은 눈이 내렸고, 명태를 말리는 건조대가 널린 거리에는 생선 썩는 냄새가 진동했다. 유치장에 갇힌 사람들은 하루 종일 무릎을 꿇고 앉아 있어야 했다. 처음에는 발에 쥐가 나 다리를 뻗다가 회초리 세례를 수도 없이 받았다. 대화는 엄격하게 금지되어 귓엣말로 소곤거리기만 해도 간수가 달려와 발길질을 했다.

> 얼굴은 잿빛이오, 사지는 거미발이라.
> 고픈 배 움켜 안고, 추워서 벌벌 떤다.
> 게다가 때때로 매맞으니, 생지옥이 예로다.[29] – 최현배, 「옥중 시」

끼니는 보리와 옥수수, 귀리 등을 섞어 만든 주먹밥이었고, 잘 때는 이가 들끓는 낡은 담요를 덮었다. 유사 이래 변화무쌍한 생존 환경에 적응하면서 살아온 것이 인류의 역사였듯이, 혹독한 고문, 인격 살인, 쓰레기에 가까운 음식, 무릎 꿇림 등에도 차츰 익숙해졌다. 어쩌다 고문이 없는 날에는 우스갯소리도 주고받았다.

학회 관련자 중 나이가 가장 어린 이석린은 결혼한 지 얼마 되지 않아 부인과 어린 자식을 무척이나 보고 싶어 했다. 안쓰러운 마음에 이병기가 '전화위복이 될 터이니 너무 걱정 말라'고 위로했지만, 실은 자신도 살지 죽을지 알 수 없었다. 그래도 삶은 계속되었고, 지옥과 다름없는 감옥살이였지만, 김윤경, 이희승, 이석린, 이병기, 정인승은 감방의 세 가지 기쁜 소리(삼희성)를 고안해냈다.

1. 하루 세 때 들리는 '밥이요' 하는 소리
2. '취침'이라는 소리
3. '우편이요'라는 소리

세 가지 기쁜 소리 중 한 가지라도 들리면 마음이 아니라 몸이 먼저 반응했다. 조선 최고의 지성인들도 옥에서는 밥과 잠과 바깥세상에서 온 편지 한 통에 살아 있는 기쁨과 즐거움을 느꼈다. 또한 그들은 졸리면 자고 슬프면 울고 아프면 끙끙거리고 배고프면 먹는 동물과 같은 생존 본능으로 비참한 감옥 생활과 씨름했다.

1943년 새해가 밝았다. 1월 첫날 학회 관련자들 29명이 연무장에 소집되었다. 수척한 몸, 핏기 없는 얼굴들이었지만, 오랜만에 만나는 동지들과 반갑게 안부를 주고받았다. '잘 지내시냐? 몸은 괜찮으시냐?'라며 한두 마디 대화를 나누는데, 느닷없이 진수성찬이 들어왔다. 음식을 보낸 사람은 홍원의 유지인 도봉수, 이봉수, 최순복 등이었다. 특히 최순복은 이희승의 이화여전 제자로 가끔 스승의 안부를 살피기 위해 면회를 오기도 했는데, 이들이 특별히 부탁을 해서 마련한 음식이었다.

자신들을 잊지 않고 기억하고 걱정해주는 사람들이 높은 담장 바깥에 있다는 생각에 눈시울이 붉어졌다. 음식은 넉넉했고 주린 창자를 채우고도 남을 만큼 충분했다. 설날 빠질 수 없는 떡국에 양념을 넣어서 만든 비빔밥, 곰국에 흰밥, 저냐, 약식, 식혜, 과일 등등 옥에서는 꿈도 꿀 수 없는 산해진미를 보니 반사적으로 회가 동했지만, 다들 점잖은 선비들이라 처음에는 천천히 음식을 입으로 가져갔다. 하지만 점점 손놀림이 빨라지는가 싶더니 어느새 무아지경이 되어 떡이며 과일 등을 꾸역꾸역 목구멍으로 밀어넣었다. 그렇게 그들은 배가 남산만해지도록 음식을 먹었다.

그날 밤 다들 자리에 누웠을 때 배 속이 심상치 않았다. 아니나 다를까? 여기저기서 끙끙 앓는 소리가 나기 시작했다. 제일 먼저 설사가 터진 이희승이 똥통을 차지하자, 정인승은 용암이 부글부글 끓는 것 같은 배를 두 손으로 움켜쥐었고, 이은상, 이석린, 이병기가 고통 속에서 순서를 기다렸다. 김윤경은 차례를 기다리다 못해 방구석에다 실례했다. 이런 소동은 3호 방뿐만이 아니었다. 별안간 기름진 음식이 들어가니 탈이 나는 것이 당연했다. 모처럼 맛본 진시황의 성찬이었지만, 힘겨운 밤을 보낸 이들은 눈도 퀭하니 들어가고 얼굴이 더 수척해졌다.[30]

상황은 심상치 않게 돌아가고

1925년 일본은 '국체를 변혁하거나 또는 사유재산제도를 부인하는 것을 목적으로 결사를 조직하고 혹은 그 사정을 알고 그곳에 가입한 자는 10년 이하의 징역 또는 금고에 처한다'는 내용의 치안유지법을 제정해 조선과 대만, 화타이樺太(사할린)에도 적용했다. 공산주의자, 무정부주의자 등 반체제 행위를 단속하기 위함이었다. 일본에서는 공산주의 운동과 그 영향권에 있던 사회운동·노동운동·종교 활동 등에 적용되었지만, 조선에서는 사회운동·노동운동·종교 활동·교육운동 등이 대부분 독립운동으로 연결되었다.[31]

1943년 1월 말경 경찰은 신문조서 작성에 들어가 3월 15일경에 완료했다. 1943년 3월 말에서 4월 1일 사이 신윤국, 김종철 등도 끌려와 불구속으로 문초를 당했다. 1931년부터 1939년까지 조선어사전 편찬 자금으로 3천 원을 지원하고 민영욱, 임혁규 등으로 하여금 1,400원을 제공하게 했다는 이유로 장현식도 끌려왔고, 백낙준, 정세권, 곽상훈, 김두백, 방종현, 민영욱, 임혁규 등도 증인으로 소환되어 고문당했다. 안재홍은 3월 15일경의 불기소 결정으로 석방되었다.[32]

조서 작성을 마친 경찰은 이극로 등 24명을 기소하고 권승욱, 김종철, 서승효, 신윤국, 윤병호, 이석린 등 6명을 기소유예, 권덕규와 안호상은 건강상의 이유로 기소중지를 요구했다. 수감자들은 검찰에 송치될 날만을 손꼽아 기다렸다. 경찰에서는 고문에 못 이겨 자백했지만, 검사 앞에서 바로잡을 수 있지 않겠느냐는 희망 때문이었다. 그런데 여름이 지나도록 이송 명령은 떨어지지 않았다. 9월 초 낭인 출신으로 한국에서 잡지를 발행하던 아오야기의 아들 아오야기 고로靑柳五朗 검사가 홍원에 나타났다.

'아니, 검사가 이쪽으로 왔다고? 왜 우리를 그쪽으로 소환하지 않고 검사가 직접 왔을까?'

이송을 기대했던 이들은 상황이 심상치 않게 돌아감을 감지했다. 통상적인 관행과 달리 아오야기 검사는 홍원에 머무르면서 조사를 진행했다. 조사실에는 'ㄷ' 자 형태로 된 긴 탁자가 놓여 있었다. 검사는 자신과 마주 보게끔 정중앙에 피의자를 앉히고 경찰을 배석시켰다. 한 사람씩 조사실에 불려 들어간 피의자들은 당황했다. 고문에 못 이겨서 한 허위 자백이라고 말하고 싶었지만, 경찰이 지켜보고 있어 진술을 뒤집을 수 없었다. 그래도 용기를 내 다른 이야기를 하면 검사의 신문이 끝난 후, 경찰의 고문이 이어졌다. 결국 경찰조서와 검사조서는 같을 수밖에 없었다.

검사는 16명을 기소하고, 12명을 기소유예로 처리했다. 1943년 9월 12일과 13일, 회원들은 1년 가까이 영어의 생활을 했던 홍원경찰서를 떠나게 되었다. 기소유예 처분을 받은 피의자들은 지긋지긋한 감옥에서 풀려날 것을 기대했으나, 검사는 더 조사할 게 있다면서 기소된 16명과 기소유예 처분을 받은 12명 모두를 함흥형무소로 이감시켰다. 9월 12일 홀로 함흥경찰서에 유치되었던 이인도 함흥형무소로 이송되었다.

검사의 구류 기한 1년 만기가 머지않은 1943년 9월 18일에 이르러서야 비로소 기소유예 처분을 받은 김윤경, 이만규, 이강래, 김선기, 정인섭, 이병기, 이은상, 서민호와 이석린, 권승욱, 서승효, 윤병호 등 12명이 자유의 몸이 되었고, 김도연, 김법린, 김양수, 이극로, 이우식, 이윤재, 이인, 이중화, 이희승, 장지영, 장현식, 정열모, 정인승, 정태진, 최현배, 한징 등 16명은 예심에 회부되었다.[33]

경찰 기소(24인)	검찰 기소(16인)
김도연, 김법린, 김선기, 김양수, 김윤경, 서민호, 이강래, 이극로, 이병기, 이만규, 이우식, 이윤재, 이은상, 이인, 이중화, 이희승, 장지영, 장현식, 정열모, 정인섭, 정인승, 정태진, 최현배, 한징	김도연, 김법린, 김양수, 이극로, 이우식, 이윤재, 이인, 이중화, 이희승, 장지영, 장현식, 정열모, 정인승, 정태진, 최현배, 한징

조선어학회사건 피의자들은 치안유지법 제1조에 해당하는 내란죄로 기소되었고, 국체변혁을 모의한 대역의 사상범으로 전원 구치소 독방에 수용되었다. 예심의 목적은 사건의 공판 회부 여부를 결정하는 것과 증거를 수집하고 보존하는 것이다. 첫 번째 목적은 범죄 혐의가 불충분한데도, 검사가 기소를 남발하는 것을 방지하여 피의자의 인권을 보호하는 것이다. 그러나 식민지 조선에서 예심은 원래 취지와 다르게 피의자를 무기한 구금하기 위한 수단으로 활용되었다. 예심판사가 사건을 심리하기 위해 인신을 구속할 수 있는 기간은 3개월이었지만, 연장에 제한이 없어서 판사 재량에

따라 짧으면 6개월에서 길면 24개월까지도 구금이 가능했다.

1942년 6월 미드웨이해전에서 미군이 일본군을 격파하면서 전황은 역전되었다. 전선은 너무 넓었고, 일본은 수세에 몰렸다. 사회·경제 모든 면에서 위기였고, 전황이 급박해질수록 물자난·식량난이 가중되었다. 형무소에서 배급하는 잡곡으로 만든 주먹밥, 썩은 콩깻묵은 수형자 대부분을 영양실조에 걸리게 했고, 1943~1944년 겨울 함흥형무소에서는 270명의 동사자가 나왔다. 1943년 12월 8일에는 조선어학회사건 최초의 순국자가 나왔다. 이윤재가 고문 후유증과 굶주림에 시달리다 해를 넘기지 못하고 불귀의 객이 되었다. 그의 나이 57세였다.

예심판사 나카노中野虎雄가 얼굴을 보인 것은 1944년 2월이었다. 그는 피고인들을 한곳에 모아놓고 '진정할 사항이 있으면 모두 말하라'고 했고, 한징이 '형무소에서 주는 정량 미달의 주먹밥만으로는 배가 고파 살 수 없다'고 했다. 그의 얼굴은 무섭도록 수척했다. 그것이 그의 마지막 모습이었다. 이윤재와 더불어 평생을 사전 만들기에 헌신한 한징마저 1944년 2월 22일 세상을 떠났다. 고문, 고독, 굶주림, 혹한의 추위 등에 시달렸지만, 사전을 만들어 민족어를 지켜야 한다는 신념을 죽음으로 지켰다.

무더운 여름이 지나고 가을까지 계속된 예심에서 피고인들은 경찰조서에 작성된 내용은 모두 고문 때문이었다며 기존의 진술을 부인했으나 받아들여지지 않았다. 예심판사 나카노는 경찰조서와 검찰조서가 모두 같은데 '이제 와서 무슨 딴소리냐? 검사도 고문을 했느냐?'라고 윽박질렀다. 이번에도 희망을 접을 수밖에 없었다. 마지막 기회는 1심 재판정에 가서 모든 것을 명명백백히 밝히는 것이었다.

나카노 판사에 의한 요식적인 예심이 끝난 것은 1944년 9월 30일이었다. 그동안 이윤재와 한징은 사망으로 기소 소멸되었고, 장지영과 정열모는 면소로 석방되었다. 최종적으로 원심 공판에 회부된 사람은 이극로, 최현배, 이희승, 정태진, 김양수, 김도연, 이우식, 이중화, 김법린, 이인, 장현식, 정인승 등 12명이었다.[34]

옥중에서 완성한 가로쓰기

처음 홍원에 갇혀 있는 동안 최현배는 아무것도 할 수 없었다. 굶주림과 추위, 병고와 고독, 모욕과 박해 속에서 정신과 육체가 피폐해졌다. 그러나 그는 '뉘우치지도 실망하지도' 않았다. 무슨 의미일까? 최현배는 스승의 뜻을 좇아 한글 연구와 한글운동, 조선어사전 편찬에 전념하다가 일경에 체포되어 영어의 몸이 되었다. 형언할 수 없는 옥살이의 고통을 겪으면서도 자신이 한 일을 후회하지도, 갇힌 몸이 된 자신의 운명을 원망하지도 않았다는 의미일 것이다. 인간은 나약한 존재라고 하지만, 때로는 믿을 수 없을 정도로 강하다.

감방에는 책도 없고 종이도 없었다. 아무것도 할 수 없었다. 그러나 최현

한글 가로글씨 (29자

<큰 박음>

<작은 박음>

<큰 흘림>

<작은 흘림>

최현배가 펴낸 『글자의 혁명』(1947) 3쪽. (한글학회 제공)

배는 학문의 길을 포기하지 않았고, 오랜 숙제인 가로쓰기안 연구에 착수했다. 손바닥에 쓰고 살갗에 그리고 이불에 쓰고, 천장에 그리기를 반복했다. 함흥으로 이감된 후에도 밤낮으로 쓰고 그리기를 거듭한 끝에 드디어 가로쓰기안을 완성했다. 완성된 가로쓰기를 쓰고 또 그리면서 검토하고 확인했다. '그래, 이만하면 됐다.'

가로쓰기안은 완성되었지만, 세상에 알릴 방법이 없었다. 이윤재와 한징은 유명을 달리했다. 자신도 언제 죽을지 알 수 없는 운명이었다. 곰곰이 생각하던 어느 날, 연필과 종이를 어렵사리 입수했다. 최현배는 머릿속에 또렷하게 각인된 가로쓰기안을 종이에 옮겨 적었다. 그런 다음 솜바지 솜 안에 종이를 숨겼다. 간수에게 들키기라도 하면 그동안 흘린 땀과 노력이 허사가 될 터였다. 가로쓰기안을 솜바지 안에 감추고 나서 최현배는 초조하게 가족의 면회를 기다렸다. 아침 점호를 할 때마다 혹여 들키지나 않을까 마음을 졸였다. 하늘이 돌보았

나라말이 사라진 날

을까? 가로쓰기안은 솜바지와 함께 옥문을 나가 가족에게 전해졌다. 그제
야 최현배는 안도했다.

하지만 문제가 완전히 해결된 것은 아니었다. '만일 내가 끝내 옥에서 나
가지 못한다면, 과연 가로쓰기안이 세상 사람들에게 제대로 전달될 수 있
을까?' 노심초사하고 있던 그 앞에 천우신조처럼 나타난 것은 같은 방을 쓰
게 된 젊은 청년 둘이었다. 최현배는 생각했다. '내가 옥에서 죽더라도 이들
은 살아 나갈 수 있을 거야! 그래, 이들에게 가로쓰기안을 가르치자!' 최현
배는 간수의 눈을 피해 청년들에게 조곤조곤 자초지종을 설명했다.

"이것은 한글을 가로로 풀어 쓴 것이네. 우리가 식민지에서 해방되면 한
글은 다시 살아나야 하고, 그때는 이 가로쓰기안이 새 나라를 건설하는 데
꼭 필요한 무기가 될 것이네."

어두컴컴한 감방 안에서 비밀 교습이 시작되었다. 한글 자모를 풀어쓴
글자를 처음 본 청년들은 낯설어하고 어려워하기도 했지만, 최현배의 설명
을 들으며 글자를 익히기 시작했다. 최현배가 바닥에 쓰면 청년들은 따라
쓰고, 배운 글씨를 머릿속에 집어넣으려 최선을 다했다. 그러던 어느 날 간
수에게 들켰다. "뭘 하느냐? 너희들 수상해. 무슨 수작이지?" 최현배는 심
심해 영어를 가르치고 있다고 둘러대 위기를 모면했다. 청년들에게 가로쓰
기를 가르치면서 최현배는 생각했다.

'나는 죽더라도 가로쓰기안은 살아야 한다.'[35]

한글, 법정에 서다

과연 사전을 편찬하는 것이 독립운동이 될 수 있을까? 조선어학회가 사전 편찬을 시작한 것은 1929년이고, 조선총독부 학무국으로부터 사전 첫째 권의 출판 허가를 받은 것은 1940년 3월 12일이었다. 식민 지배 아래 무려 11년 동안 합법적으로 진행해온 사전 편찬 사업이 하루아침에 국체변혁의 독립운동이 될 수 있는 것인가? 예심판사는 왜 그런 판단을 내렸을까?

민족운동의 한 가지 형태로서의 소위 어문운동은 민족 고유의 어문의 정리·통일·보급을 도모하는 하나의 민족운동인 동시에 가장 심모원려를 포함한 민족 독립운동의 점진 형태이다. (…) 표면적으로는 문화 운동의 가면하에 조선 독립을 위한 실력 양성 단체로서 본

건 검거까지 10여 년의 긴 세월에 걸쳐 조선 민족에 대해서 조선어문운동을 전개하여왔던 것으로 (…) 다년에 걸쳐 편협한 민족 관념을 배양하고, 민족문화의 향상, 민족의식의 앙양 등 그 기도하는 바인 조선 독립을 위한 실력 신장에 기여한 바 뚜렷하다. (…) 그중에서도 조선어사전 편찬 사업과 같은 것은 광고曠古의 민족적 대사업으로 촉망되고 있는 것이다.[36] ―「조선어학회사건 예심종결결정문」, 1944년 9월 30일

①어문운동은 민족 고유의 어문의 정리·통일·보급을 도모하는 것이고, ②따라서 어문운동은 민족운동의 한 형태다. ③그뿐만 아니라 조선어학회의 어문운동은 '심모원려'를 포함했으며, 즉 '먼 훗날=독립'을 내다보는 깊은 생각을 품고 있었다. ④고로 이는 점진적인 민족 독립운동이다.

피의자들은 '사전 편찬이 어찌 독립운동이 될 수 있느냐?'라며 강변했지만, 나카노 예심판사는 사전 편찬뿐만 아니라 학회가 진행해온 학회의 어문운동 일체를 독립운동으로 간주했다. 그러면 학회 회원들은 정말로 자신들이 하는 일이 학자로서의 순수한 학문 활동이라고 생각했을까? 1929년 사전편찬회를 만들 때 발표한 취지서를 보면 절대 그렇지 않다는 것을 확인할 수 있다.

오늘날 세계적으로 낙오된 조선 민족의 갱생할 첩경은 문화의 향상과 보급을 급무로 하지 않을 수 없는 것이요, 문화를 촉성하는 방

편으로는 문화의 기초가 되는 언어의 정리와 통일을 급속히 꾀하지 않을 수 없는 것이다. 그를 실천할 최선의 방책은 사전을 편성함에 있는 것이다.[37]

1929년 학회가 중심이 되어 사전 편찬을 시작할 때, '세계적으로 낙오된 조선을 갱생시키는 첩경은 사전을 편찬하는 것'이라고 선언했고, 1942년 검거될 때까지 줄곧 한길을 달려왔다. 그런 이들이 왜 사전 편찬을 시작했는지 까맣게 잊었을까? 그 의미를 망각했을까? 스스로 택한 궁핍한 삶 속에서도 출세보다 빛나는 고고한 지조를 지켰다. 민족지사들에 대한 통제와 압박이 커지는 상황에서는 바람에 휘어지는 갈대처럼 굽실거리는 시늉까지 해가며 포기할 수 없었던 사전이었다.

과연 사전을 편찬함으로써 독립을 이룰 수 있을까? 봉오동과 청산리에서 독립군이 대승을 거두고, 목숨을 던져 의열단 투쟁을 전개하고, 도쿄에서 일본 천황에게 폭탄을 던지고, 홍커우공원에서 일본군 수뇌와 정치인들을 폭살했지만 조선 땅에서 일제를 몰아내지는 못했다. 그런데 조선어를 정리하고 통일하고 사전을 만들어서 독립한다고? 애당초 번지수가 틀렸다고 할 수도 있지만, 그들의 생각은 그랬다. 옥사한 이윤재는 사전 편찬실을 찾아오는 젊은이들에게 기회가 있을 때마다 말했다.

말과 글은 민족과 운명을 같이한다. 일본이 조선의 글과 말을 없애

동화정책을 쓰고 있으니 우리는 무슨 수를 써서라도 우리글과 우리 말을 아끼고 다듬어 길이 후세에 전해야 한다. 말과 글이 없어져 민 족이 없어진 가까운 예로 만주족이 아니겠는가. 우리가 우리의 말과 글에 대한 글을 써두고 조선어사전을 편찬해두면, 불행한 일이 있더 라도 후세에 이것을 근거하여 제 글과 말을 찾아 되살아날 수도 있을 것이다. 따라서 민족의 말과 글을 아끼고 사랑하는 것은 나라를 사랑 하는 길이 되고 민족운동이 되는 것이야.[38]

'우리가 우리의 말과 글에 대한 글을 써두고 조선어사전을 편찬해두면, 불행한 일이 있더라도 후세에 이것을 근거하여 제 글과 말을 찾아 되살아 날 것'이라고 그는 분명히 말했다. 이윤재의 뒤를 따라 순국한 한징은 사전 편찬 일이 늦어질 때마다 초조한 마음을 감추지 못했다.

원고를 속히 마치도록 합시다. 그래서 큰사전을 하루빨리 활자화 하여 얼른 세상에 퍼뜨려야지 까딱했다가는 모든 일이 수포로 돌아 갈 우려가 있어. 왜놈들 하는 짓이 날로 수상해.[39]

우리말글을 지키고 사전을 만들어 되살아나는 것이 그들의 신념이자 확 신이었다. 예심판사 나카노는 학회의 대변인에 가까웠다. '심모원려를 품은 독립운동'이라는 표현은 학회와 사전 만들기에 참여한 민족지사들의 속내를 정확하게 대변했다. 이는 '말이 올라야 나라가 오른다'고 역설한 주시경 선생의 뜻이며 '국어 국문이 일국의 독립을 유지하는 데 가장 필요한 것'이라고 역설한 일본의 국어학자 우에다 가즈토시上田萬年의 국어관과도 일치한다.[40]

주시경의 어문민족주의 사상을 계승한 최현배가 '정복당한 겨레가 다시 살아날 기회를 얻기 위해서는 겨레 의식을 기르며, 겨레 정신을 북돋우기 위해서는 겨레의 말글을 보존하는 것'이 급선무라고 한 말에서도 확인할 수 있듯이 조선어학회가 '조선 독립을 위해 10여 년의 긴 세월에 걸쳐 조선 어문운동을 전개해왔다는 것', 그렇기 때문에 학회는 문화 운동의 가면을 쓴 독립운동 단체로 간주되었던 것이다.[41]

사전 편찬은 독립운동

1944년 11월 말 1심이 시작되었다. 형무소와 재판소는 상당히 떨어져 있었고, 한 번에 두세 명 또는 서너 명씩 불려 나갔다. 혹한의 추위가 닥치기 시작했지만, 수의 차림에 맨발로 일본 짚신을 신고 용수로 얼굴을 가린 채 끌려다녔다. 바람이 불 때마다 칼날 같은 한기가 옷자락 틈새를 파고들었다.

정인승은 전신쇠약으로 함흥형무소 촉탁의 고종성이 원장으로 있는 고려병원에 4개월 동안 입원했다. 이윤재와 한징의 사망 후 취해진 조치였다.

재판정을 오가는 피고인들은 용수를 쓰고 이동했다. 사진은 105인사건 피고인 호송 장면이다. (독립기념관 제공)

정인승은 10월에 퇴원하여 병보석을 허가받았고, 11월에는 잠시 서울에 와 있었다. 이극로, 장현식, 이인, 이우식 등도 병보석으로 나와 있었다. 건강이 좋지 않아 일시 석방된 것이었지만, 실은 조선총독부가 제2의 이윤재와 한징과 같은 옥중 사망자가 나옴으로써 세간의 이목이 쏠리는 것을 원치 않았기 때문이다.

1944년 11월 말부터 1945년 1월 16일까지 주심판사 니시다西田勝吾와 2인의 배심판사 주재로 9회에 걸쳐 공판이 열렸다. 변호사는 함흥의 한격만, 박원삼, 유태설 등 3인과 경성에서 온 일본인 나가시마永島雄藏였다. 변호인들은 1937년 수양동우회사건 때 피의자들이 무죄 판결을 받은 판례를 들어 재판부를 설득하려고 했다. 수양동우회사건 당시 검사는 인격을 수양하고 무실역행으로 경제적 실력을 배양하는 행위가 결국은 조선 독립을 달성하기 위한 숨은 목적이라고 주장했지만, 변호인들은 간접 목적은 범죄를 구성하지 않는다고 변론하여 결국 1941년 11월 17일 고등법원 선고에서 무죄 판결을 이끌어냈었다.

피고인들은 '사전 편찬이 어떻게 독립운동인가?'라고 반문했고, 변호인들도 적극 변호했지만 판사는 들은 척도 하지 않았다. 이극로·최현배·이희승·정인승·정태진 등은 독립 목적 결사 조직, 목적 수행 행위 등으로 치안유지법 저촉, 이중화·김법린은 이에 가담한 죄, 이우식·장현식·김도연·김양수·이인 등 학자 아닌 관련자들은 행위 실행뿐만 아니라 목적 사

실형 5인	이극로	징역 6년	이희승	징역 3년 6월
	정인승	징역 2년	정태진	징역 2년
	최현배	징역 4년		
집행유예 7인	김도연	징역 2년, 집행유예 3년	김법린	징역 2년, 집행유예 3년
	김양수	징역 2년, 집행유예 3년	이우식	징역 2년, 집행유예 3년
	이인	징역 2년, 집행유예 3년	이중화	징역 2년, 집행유예 3년
	장현식	징역 2년, 집행유예 3년		

나라말이 사라진 날

항 실행을 협의하고 선동했다는 것이었다. 대여섯 차례 공판을 거치면서 검사는 피의자들에게 4~8년의 중형을 구형했고, 1945년 1월 16일 주심 판사 니시다가 내린 최종 선고는 모두 유죄였다.[42]

일본 언어민족주의의 승리와 조선 언어민족주의의 패배

1910년 이래 일본은 동화정책을 추진했다. 일본어를 말하는 조선인, 일본 정신을 함양하여 천황을 절대적으로 추종하는 황국신민을 만들고자 했다. 전시 체제에 돌입한 일제는 조선어 말살을 통해 완벽한 동화를 실현하고자 했다. 규범 제정을 통해 조선어의 근대화를 도모하고 조선어사전을 만듦으로써 조선의 정체성을 지키고자 한 학회의 활동은 국시 위반 행위였다. 1935년 일본에서 활동하다가 치안유지법 위반으로 검거된 후 전향한 현영섭은 1937년 7월 9일 미나미 지로南次郎 조선총독을 만나 다음과 같이 간언했다.

조선인이 완전한 일본인이 되기 위해서는 무의식적 융합으로서 완전한 내선일원화에서부터 되지 않으면 안 될 것인즉 종래의 체험치 않은 신도를 통하여 또는 조선어 사용 전폐에 의하여 하지 않으면 안 될 줄 안다.[43]

조선총독부의 조선어 말살 정책에 준동했던 현영섭에게 조선어 수호 운동은 일본의 국시를 정면으로 거스르는 행위였다. 1938년 조선교육령을 통해 조선어 교육 폐지에 들어갔고, 1940년 일제는 고도국방국가 건설을 위해 언제든지 동원할 수 있는 신국민, 즉 황국신민을 만들기 위한 정책과 운동을 추진했다. 국민 생활 강조 주간 둘째 날은 '국어의 날'이었다. 조선어를 비롯한 외국어를 스파이 언어로 취급했고, 오직 일본어만 써야 했다. 조선인에게 '국어의 날'은 '침묵의 날'이었다.

우리 골목에서 일본어를 아는 사람은 고작해야 몇 명밖에 없어요. 그것도 다 국민학생들이죠... 오늘 우리 지역은 침묵의 날인데 한번 살펴보십시오. 조선어로 말하자니 두렵고 일본어로는 말을 할 줄 모르고, 알더라도 하고 싶지 않아 그렇게 된 것이랍니다. '애국단' 대표들이 우리 뒤를 엄격히 감시하고 있어 우리는 이렇게 침묵하고 있지요.[44]

1942년 5월에는 조선인 모두가 일본어를 이해하는 것을 목표로 '국어전해운동'과 모든 생활공간에서 일본어를 사용하게 하는 '국어상용운동'을 전개했다.[45] 조선총독부는 학교뿐만 아니라 가정과 직장 등 전 사회에서 국어상용을 실현하기 위해 조선어의 숨통을 바짝 조였다. 1943년 6월 내무성위원과 총독부에서 '조선어 말살'을 논의했고, 8월에는 조선어를 말살

할 정도의 열의로 국어교육의 철저화를 도모하는 것이 진정한 내선일체의 실현이라는 결론에 도달했다.[46] 조선어 수호의 중심에 있던 조선어학회가 유죄 판결을 피할 길은 없었다.

다른 민족운동들이 와해되는 와중에도 학회는 학술 단체로서 활동을 지속할 수 있었다. 그러나 침묵을 강요당한 조선어가 부딪힌 세기말적 상황에서 학회가 설 자리는 더는 없었다. '어문운동은 심모원려를 포함한 점진적 형태의 독립운동'이라는 조선총독부의 사법적 판단은 공존할 수 없는 일본어와 조선어의 전장에서 일본 언어민족주의의 승리와 조선 언어민족주의의 패배를 선언한 것이었다.

집행유예를 선고받은 7인은 곧 석방되었지만, 이극로, 최현배, 이희승, 정인승, 정태진 등 5인은 형무소에 수감되었다. 실형을 선고받은 5인 중 정태진은 미결수 상태로 구속된 2년 6개월 가운데 상당한 일수의 구류 통산을 받아 4~5개월 후면 만기 출옥할 수 있는 상황이라 공소를 포기했고, 1월 18일 네 사람은 고등법원에 상고했다. 이에 맞서 검사 사카모토坂本一朗 역시 1월 21일 이극로, 최현배, 이희승, 정인승, 장현식을 상고했다. 본디 재판은 3심제가 원칙이었지만 1941년 반체제 행위를 옥죄기 위해서 개정한 신치안유지법에 의거해 복심 없이 고등법원으로 직행했다.[47]

상고란 부당한 판결에 불복하거나 형을 줄이기 위해 하는 것이지만, 네 사람의 마음속에는 상고를 함으로써 서울로 이감되면 지긋지긋한 함흥을 벗어날 수 있어 정신적으로나마 위안을 받을 수도 있고, 가족의 면회도 수

월하리라는 기대가 자리하고 있었다. 그러나 일본의 사법행정은 단 한 번도 이들의 희망대로 움직여주지 않았다. 상고를 하고도 반년이 지나도록 이들은 아무런 소식도 듣지 못한 채 형무소에 줄곧 갇혀 있었다.

하루가 1년처럼 더디 가던 어느 날, 7월 20일께가 되어서야 8월 12일에 재판을 연다는 통보가 도착했다. 드디어 '서울로 갈 수 있게 되었다'며 기뻐했지만, 기쁨은 오래가지 않았다. 변론은 서류로 제출해야 했고, 재판은 피고인들이 출석하지 않은 채 궐석재판으로 진행되었다. 8월 13일 상고기각으로 1심 판결이 그대로 확정되었다. 게다가 고등법원의 판결은 일제 패망 직전의 혼란 탓이었는지 통신망의 두절로 판결문이 함흥에 도착하기도 전에 해방을 맞았다.

독립, 그리고 되살아나는 우리말글

대동아공영권 건설의 망상은 천황의 떨리는 '옥음방송'과 함께 와르르 무너졌다. 무조건 항복을 요구한 포츠담선언을 더 일찍 받아들였더라면 8월 6일 히로시마에 원자폭탄이 떨어졌을까? 히로시마가 잿더미로 변한 당일에라도 백기를 들었다면 나가사키의 참극은 피할 수 있었을 것이다. 일본의 위정자들은 무슨 생각으로 꾸물거렸을까? 우물쭈물하는 사이에 두 도시에서 20만 명에 가까운 사람들이 목숨을 잃었다. 태평양전쟁 동안 일본은 파괴와 살상을 저질렀고, 자국민의 목숨조차 돌보지 않았다.

조선은 35년간의 노예 상태에서 풀려났다. 거리는 만세를 부르는 조선인들로 넘쳤고, 만세 소리는 환희와 감격과 감동으로 삼천리 방방곡곡에 메아리쳤다. 조선이 해방되었다는 소식이 함흥형무소에 전해진 것은 8월 15일 밤이었다. 평소 바깥소식을 전해주던 모범수가 술을 들고 왔다.

"독립 축하주 잡수시오."

'독립'이라고? 믿기 어려웠지만 꿈이 아니었다. 국그릇에 따라주는 독립 축하주는 알코올에 물을 탄 것이었지만, 이극로, 최현배, 이희승, 정인승은 술잔을 돌리며 뜨거운 눈물을 흘렸다.

8월 16일 아침이 되자, 함흥 고려병원 원장 겸 형무소 촉탁의인 고종성이 감방 문을 열어주었다. 네 사람은 복도에 나와 서로 부둥켜안으며 목이 터져라 '만세'를 불렀다. 그러나 꿈에도 그리던 해방을 맞았지만 당장 형무소를 벗어날 수 없었다. 책임자가 종적을 감춘 탓이었다. 뒤늦게 그들이 석방되지 않은 것을 알게 된 한글학자 모기윤을 비롯한 함흥 유지들이 함흥 지방 검사국을 방문해 조선인 엄상섭 검사에게 사정을 설명한 후에야 출옥 명령서를 받아낼 수 있었다.

8월 17일 늦은 오후 조선인 아리키치有吉 간수장이 네 사람을 자기 방으로 데려갔다. 조선이 해방되자 일본인들은 종적을 감췄고, 아리키치 홀로 남아 형무소를 지키고 있었다. 아리키치는 현재 자신이 책임자인데 네 분 선생님은 고법에 상고 중이므로 서울에서 무슨 지시가 내려올까 기다리고 있었으나, 아무런 지침이 없다면서 자기가 모든 책임을 지고 나가도록 해 드리겠다고 말했다.

지옥 같은 옥살이, 죽음에 대한 공포 등으로 짓눌려 있던 네 사람에게 살아서 옥문을 나갈 수 있다는 것은 새 생명을 얻은 것과 다르지 않았다. 해방은 도둑같이 찾아왔다고 하지만, 극적인 해방, 극적인 출옥이었다.[48] 그날 네 사람이 함흥형무소 옥문을 나서는 모습을, 소년 이근엽은 또렷하게 기억하고 있었다.

그날 오후에 열다섯 살짜리인 필자는 십리 길을 뛰어서 함흥형무소로 갔다. 정문 앞에 사람들이 30명 정도 모여 있었고 태극기를 든 사람은 눈에 띄지 않았다. 철제 정문이 열리더니 제일 앞에는 들것에 실린 사람이, 나머지 분들은 서로 부축하고 나오셨다... 그런데 이때가 오뉴월 더위가 한창인 때라 바지를 걷어 올렸는지 반바지였는지는 기억나지 않으나, 드러낸 팔다리는 미라의 그것이었고 맞아서 멍든 자국, 피부병 흠집 등 영양실조와 고문의 흔적이 역력했다. 자동차에 실려서 어디로 가시는 것 같았다.[49]

회원들은 들것에 실려 나오기도 하고 부축을 받으며 나오기도 하는 등 혹독한 고문의 흔적을 고스란히 지닌 채 형무소를 나섰고, 함흥 유지들은 정문에 대기해놓았던 자동차에 네 사람을 태워 시내 퍼레이드를 벌였다.

회원들이 이용한 자동차는 목탄 또는 카바이드 연소통을 옆에 달고 다니던 소형 트럭이었다. 볼품없는 차량이었지만, 거리를 오가던 사람들은 차에 탄 이들이 조선어학회사건으로 옥고를 치르고 막 석방된 학자들임을 알아보고 만세를 부르고 박수를 치며 눈물을 훔쳤다.

네 사람은 고종성의 처가인 김 장로 집에서 하룻밤을 묵었다. 다음 날 서울로 가기 위해 정거장에 나갔지만 기차가 없었다. 8월 18일 오후 3시에 이들이 타려고 했던 청진-서울 간 열차는 행정 및 철도 운행 마비로 밤 12시가 되어서야 도착했다. 객차, 화물칸, 지붕 할 것 없이 사람들이 꽉 차 있었다. 함흥 유지들이 힘껏 네 사람을 차창 안으로 밀어넣으면서 '이분들이 조선어학회사건으로 옥고를 치른 아무개 아무개'라고 소리치자 승객들이 자리를 양보했다. 지붕 위까지 사람들을 가득 태운 기차는 새벽이 되어서야 함흥을 출발했고, 온종일 달린 끝에 밤 10시쯤 서울에 도착했다.[50]

나중에 밝혀진 사실이지만 이 열차가 함경도에서 서울까지 직행한 마지막 열차였다. 8월 말부터 38선 이북에 진주한 소련군이 철도를 통제하면서 남쪽에서 가는 차는 통과할 수 있었지만, 북에서 남으로 내려오는 철도는 막혔다.[51] 게다가 8·15 직후 일제는 조선총독부 각 기관의 기밀 서류들을 대부분 소각했지만, 일부 서류가 발견되었다. 거기에는 이런 내용이 적혀 있었다. '8월 18일을 기해 전문학교 출신 이상은 전부 예비 검속할 것. 형무소에 재감 중인 사상범은 모두 총살할 것.' '여러 교파의 지도자들을 범주적으로 살해할 것.'[52] 해방이 사흘만 늦었더라면, 8월 18일 마지막 기차를 타지 못했더라면 이극로, 최현배, 이희승, 정인승은 두 번 다시 고향 땅을 밟을 수 없었을 것이다.

4장

해방 이후, 한글의 시대를 열다

우리가 독닙신문을 오늘 처음으로 출판
하는데 조선속에 잇는 내외국 인민의게
우리 쥬의를 미리 말솜하여 아시게 하노
라

우리는 첫지 편벽 되지 아니흔고로 무슴
당에도 상관이 업고 상하귀쳔을 달니디
접아니흐고 모도조션 사름으로만 알고 죠
션만 위흐며 공평이 인민의게 말홀터인디
우리가 셔울 빅셩만 위홀게 아니라 죠션
젼국인민을 위흐여 무슴일이든지 디언흐
여 주랴홈 졍부에셔 흐시는일을 빅셩의게
젼홀터이요 빅셩의 졍셰을 졍부에 젼홀터
이니 만일 빅셩이 졍부일을 자세이 알고
졍부에셔 빅셩에 일을 자세이 아시면
피초에 유익흔 일만히 잇슬터이요 불평흔
마음과 의심흐는 성각이 업서질 터
이옴이라 우리가 이신문 출판 흐기는 취리흐랴
는게 아닌고로 갑슬 헐허도록 흐엿고 모
도 언문으로 쓰기는 남녀 상하귀쳔이 모
도 보게 홈이요 또 귀졀을 떼여 쓰기는 알
어 보기 쉽도록 흠이라 우리는 바른 디로
만 신문을 흘터인고로 졍부 관원이라도
잘못흐는이 잇스면 우리가 말흘터이요 탐
관오리 들을 알면 셰상에 그사름의 힝젹
을 페일터이요 ᄉᆞᄉᆞ빅셩이라도 무법흔일
흐는 사름은 우리가 차저 신문에 셜명
홀터이옴 우리는 죠션
대군쥬폐하와 됴션졍부와 죠션인민을 위
하는 사름드린고로 편당잇는 의논이든지

새 나라와 새 사회, 새로운 출발

　1945년 8월 18일 이극로, 최현배, 이희승, 정인승 네 사람이 탄 기차가 서울에 도착한 것은 8월 19일 밤늦은 시각이었다. 3년 가까운 옥살이로 피폐할 대로 피폐해졌지만, 네 사람은 이튿날 바로 김윤경, 김병제 등과 함께 안국동 풍문여자중학교 뒤쪽에 있는 불교선학원에 모여 학회의 재건과 앞으로 펼칠 사업에 대해 논의했다. 일주일 여행만 다녀와도 여독이 쌓여 하루쯤 휴식을 취해야 몸이 회복되는 요즘 우리의 사고로는 도저히 상상할 수 없는 초인적인 행동이었다. 몸은 만신창이가 되어 있었지만, 할 일이 너무 많아 짧은 휴식조차 허락할 수 없었던 걸까?

　1944년 일제의 패망을 예감하고 비밀리에 '건국동맹'을 결성했던 여운형이 발 빠르게 움직였다. 여운형은 일본의 항복과 동시에 '건국준비위원회(건준)'를 발족시켰고, 8월 16일 오후 1시 서울 휘문중학교 교정에서 조선총독부 정무총감 엔도 류사쿠遠藤柳作와의 회담 경과 보고 연설회를 개최했다. 안재홍은 한·일 두 민족의 자주호양을 요망했고, 준비가 되는 대로 질서 유지, 식량 대책, 경제계획 수립을 비롯한 정치 운영 대책을 발표하겠다고 연설했다.

8월 17일 건준의 중앙 조직이 구성되었다. 여운형이 위원장, 안재홍이 부위원장을 맡았고, 그 아래 다섯 개 부서를 두어 총무부장 최근우, 재무부장 이규갑, 조직부장 정백, 선전부장 조동호, 무경부장 권태석으로 진용을 갖추었다. 8월 18일에는 여운형이 제1차 위원회를 개최하여 건준 명의로 '3천만 동포에게 지령'을 발표했다. 자치기관을 신속하게 조직하고, 조직이 완료되면 건준에게 연락하며, 건준 사업에 협력할 것을 요구했다.

① 어느 기간까지 자발적으로 자치수단을 강구하여야 한다.
② 자치수단은 가장 신속하고 가장 효과적인 방법을 선택하여야 된다.
③ 자치수단은 어디까지나 평화적이어야 한다.
④ 모든 공사기관의 기능을 확보하기 위하여 소속 인원은 현 직장을 엄수하여야 한다.
⑤ 각 원은 각기 직장에서 적극적으로 위원회의 공작에 협력하여야 한다.¹

조선어학회 회원들도 새 나라와 새 사회 건설의 열망에 들떠 있었고, 독립 사업의 중심에 있는 건준을 방문할 계획이었다. 그러나 들려오는 소리가 심상치 않았다. '건준이 민족주의자와 사회주의자로 갈려 싸우고 있다'는 소문에 결국 학회는 건준 참여를 철회했다. 민족국가 건설이 시급하다는 것을 잘 알고 있었지만, 학회원들은 정치에 일체 관여하지 않기로 결의하고, 오로지 본연의 임무인 우리말을 살려내고 갈고 닦고 퍼뜨리는 일, 사전 편찬 등을 통해 새 나라 건설에 봉사하기로 다짐했다.

8월 25일 안국동 예배당에서 임시총회를 열어 마비됐던 학회를 재건하고 6인의 간사를 선정했다. 함흥형무소에서 해방 때까지 옥고를 치른 이극로, 최현배, 이희승, 정인승이 간사로 선임되었고, 기소유예로 풀려났던 김윤경, 함흥형무소에서 옥사한 이윤재의 사위 김병제가 이름을 올렸으며, 이석린, 이중화, 정태진, 이우식 등 조선어학회사건 수난자 대부분이 업무와 사전 편찬에 참여했다. 이날 학회는 신속하게 실행해야 할 일로 초등과 중등 국어 교과서 편찬, 국어 교원 양성을 위한 국어 강습회 실시, 월간지 『한글』 속간, 국어사전 편찬 완료 등을 결의했다.[2]

35년간의 노예 상태에서 벗어나 편찬한 첫 한글 교과서

학회는 곧장 교과서 제작에 착수했다. 1945년 9월 2일 이극로, 최현배,

이희승, 정인승을 비롯해 교육 관계자 등 18명으로 교재편찬위원회를 조직하여 일반용으로 우리말 입문, 국민학교용으로 국어교본 상·중·하의 세 가지, 중등학교용으로 상·하의 교재를 편찬할 것을 결의했다. 교과서 편찬은 조선어학회가 주도했지만 조윤제, 양주동, 이은상, 이숭녕, 이태준, 주재중 등 외부 인사들을 포함해 모두 18인이 참여했다.

이은상, 양주동, 이태준은 1933년에 학회가 통일안을 발표했을 때 지지 성명을 냈던 이들이다.[3] 이는 해방된 조선의 학생들을 가르칠 교과서가 일제강점기에 이루어진 학회의 학문적 성과인 민족어 3대 규범 「한글 마춤법 통일안」(1933)과 『사정한 조선어 표준말 모음』(1936), 「외래어 표기법 통일안」(1940) 등을 기초로 했다는 것을 의미한다. 이 3대 규범 덕분에 해방 후 빠르고 순조롭게 교과서를 만들 수 있었다는 사실을 간과해서는 안 된다.

9월 초였지만 채 가시지 않은 늦여름 더위 속에서 교본 편찬이 시작되었다. 회원들은 비좁은 방에서 자료와 원고를 정리했다. 이마에서 땀방울이 뚝뚝 떨어졌지만, 우리말 교과서, 한글 교과서를 마음껏 만들 수 있다는 생각에 행복했다. 무슨 내용을 넣을지, 어떤 문장을 쓸지, 표지는 어떻게 할지 등에 대해 토론했고 때로는 뜨거운 논쟁도 벌였다. 의견이 엇갈릴 때는 얼굴을 붉히기도 했지만, 우리 손으로 우리 교과서를 만든다는 대의 앞에서는 한마음 한뜻이었다. 『한글 첫 걸음』은 2주 만에 완성되었다. 이호성은 원고를 품에 안고 '감격에 넘쳤다 — 아니다, 눈물도 아깝지 않았습니다'라며 흐느꼈다.

나라말이 사라진 날

문제는 인쇄 비용이었지만, 뜻하지 않게 술술 풀려 나갔다. 9월 9일 조선 총독부를 접수한 미군정은 38선 이남 지역에 대한 통치를 시작했으나, 일을 할 수 있는 행정가들이 없었을 뿐만 아니라 조선 통치를 위한 준비가 전혀 돼 있지 않았다. 초기에는 일본인 관료들의 도움을 받다가 원성을 샀고, 결국 사회 각 분야의 전문 지식을 가진 조선인들에게 의존했다. 미군정은 통치자로서 조선의 교육을 정상화할 의무가 있었고, 교과서도 만들어야 하는 상황이었다. 이를 위해 학무국장 얼 락카드Earl N. Lockard와 최현배의 만남이 이루어졌다.

이로써 미군정 학무국과 조선어학회의 상생 협력 체제가 마련되었다. 9월 18일 최현배, 10월 1일 장지영이 학무국 편수관으로 일을 시작했다. 미군정은 실무를 책임질 전문가를 얻었고, 학회는 최현배와 장지영을 가교로 미군정과 협력하면서 물심양면으로 지원을 받을 수 있었다. 교과서는 학회가 만들고, 출판 비용은 미군정이 담당했다. 1945년 11월 15일 미군정 학무국 발행으로 『한글 첫 걸음』과 『초등국어교본』이 나왔다. 35년간의 노예 상태에서 벗어난 나라가 스스로 편찬한 첫 한글 교과서였다.

귀하다 우리의 한글 세종께서 펴신 우리의 한글이 36년간의 한동안 악독한 일본 정치 아래 몹시 탄압되었으나 8·15 이후 드디어 힘찬 호흡과 함께 우리말 책이 완성되어 뜻깊은 반포식을 갖게 되었다.[4]

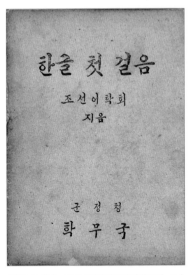

『한글 첫 걸음』 표지. (대한민국역사박물관 소장 자료)

11월 20일 중앙청 제1회의실에서 『한글 첫 걸음』과 『초등국어교본』 증정식을 열어 아동들에게 전달했다. 아치볼드 아널드 Archibold V. Arnold 군정장관이 책을 주었고, 책을 받은 덕수국민학교 3학년생 이시영 군은 '그렇게도 하고 싶은 우리말을 하게 되고 그렇게도 하고 싶은 우리말을 배울 수 있게 돼 기쁘다'라며 '이 책으로 열심히 공부해서 훌륭한 사람이 되겠다'고 답사했다. 1학년 권영수 양은 군정장관에게 감사의 꽃다발을 증정했다. 미군정 학무국 편수과장 최현배, 편수과 과장보 장지영과 조선교학도서주식회사 관계자 방태영, 최상윤 등 40인의 참석자들이 남몰래 눈시울을 붉혔다.

『한글 첫 걸음』의 본문 용지는 갱지였고, 판 크기는 5×7판, 판짜기는 가로짜기, 분량은 50쪽이었다. 책 앞머리에 「주의」 1쪽이 달려 있고, 본문 49쪽은 모두 41개의 과목으로 구성되었다. 『한글 첫 걸음』은 우리말과 글을 빨리 배우기 위한 교재로서, 자모의 사용법을 과학적으로 설명하고, 낱말·문장·읽기 자료 등을 제시하는 편찬 방식을 취했다. 1~9단원은 자음

나라말이 사라진 날

목포시 성인교육회에서 사용한『한글 첫 걸음』. 해방 직후 문맹률이 78퍼센트에 이르러, 성인에게도 한글의 기초부터 가르쳐야 했다. (대한민국역사박물관 소장 자료)

과 모음의 합성에 따른 음절 구성과 단어 학습, 10~16단원은 낱자로서 자음의 받침용법, 17~20단원은 겹자로서 겹모음과 쌍자음의 철자용법, 21~26단원은 다시 낱자로서 받침용법, 28~35단원은 겹자음으로서 받침용법에 관한 내용이었다. 36~41단원은 문장 학습을 위한 것으로 노래글, 속담, 우화, 시, 애국의식, 자아의식 등을 가르쳤다.『한글 첫 걸음』은 문맹 퇴치와 한글 학습을 위해 성인 교육용으로도 사용됐으며, 1946년 6월 25일까지 전국에 112만 5천 부가 보급되었다.

고대부터 동아시아의 서책은 세로짜기였다. 글은 위에서 아래로, 오른쪽에서 왼쪽으로 나아갔다. 왼쪽에서 오른쪽으로 나아가는 가로짜기는 1932년 5월에 발행된 기관지『한글』창간호부터 시도되었고, 해방 후 첫

국어 교과서인『한글 첫 걸음』에 적용되었다. 어쩌다 그렇게 된 것이 아니라 조선어학회가 의도적으로 선택한 것이었다. 이후 초중등 교과서는 모두 가로쓰기를 채택했다. 현재 우리가 읽는 신문이나 책의 가로쓰기 역사는 이렇게 학회의 손에 의해 시작되었다.

학회가 미군정청과 함께 펴낸 교과서는 학생용 6종, 교사용 1종이었고, 공민 교과서도 있었다. 학회 회원들의 개인 저작물도 많았다. 1946년에 장지영의『국어입문』, 정인승의『소학한글독본』, 정태진과 김원표가 함께 엮은『중등국어독본』이 나왔고, 1947년에 정인승이 편찬한『소학문예한글독본』 '4학년용' '5학년용' '고급용'의 3권, 1948년 최현배의『조선말본』『중등조선말본』 등이 나왔다. 정치·사회적으로 혼란스러웠던 해방 공간에서 나온 교과서의 대부분이 학회의 땀과 노력의 결정이었다.

일제강점기에 조선어학회가 민족어 3대 규범을 만들지 않았다면 어떻게 되었을까? 사전 편찬에 착수한 1929년을 기점으로「한글 마춤법 통일안」이 제정 발표된 1933년 10월 9일까지 4년, 표준어 사정을 마친 1936년까지 7년, 외래어 표기법을 제정한 1940년까지 꼬박 11년이었다. 조선어학회가 아무것도 하지 않았다면 해방 후 교육 현장의 혼란과 파행을 피할 수 없었을 것이고, 어문규범을 마련하기까지 상당한 시간을 기다려야 했을 것이다. 조선어학회의 민족어 3대 규범이 있었기에, 35년간 강요된 일본어와 일제 교육의 영향에서 빠르게 벗어나 자주적인 국어 교육의 기틀을 신속하게 마련할 수 있었다.[5]

'열한 가지 하지 말자' 운동과 『우리말 도로 찾기』

우리말은 다시 살았다. 우리의 글자로 다시 살았다. 다시는 말하는 벙
어리 노릇이나 눈 뜬 소경 노릇을 할 필요가 없는 때가 오고야 말았다.[6]

― 정태진

우리말의 해방을 기뻐한 것은 정태진뿐만이 아니었다. 장지영은 '우리
한글은 이제 다시 살아났다'라며 감격스러워했고,《자유신문》은 '일본의 압
제에서 벗어난 기쁨 중의 가장 큰 하나는 잃었던 우리말과 우리글을 도로
찾은 것'이라 했다. 일본어는 일제의 패망과 함께 운명을 다했고, 조선어학
회가 꿈꾸었듯이 우리말과 한글은 독립했다. 아직 새 나라를 세우지 못했
지만, 조선어는 '국어'가 될 것이고, 한글은 '국문'이 될 터였다. 말 그대로 우
리말글의 독립이었다. 그 누구의 간섭도 받지 않고 우리말글을 자유롭게
쓸 수 있었다.

하지만 문제가 있었다. 언어가 생각을 만들고 생각이 언어를 창조하기도
하지만, 언어는 습관이기도 하다. 일제가 35년 동안 주입한 일본어가 사람
들의 의지와 별개로 일상을 잠식하고 있었다. 해방이 되었지만, 일본어는
하루아침에 사라지지 않았다. 거리 곳곳에서 '김 상さん' '이 상さん'과 같은
호칭은 물론 '스미마셍すみません' '오사키니시츠레이시마스お先に失礼しま

す' 같은 일본식 인사가 들려왔다.

이: 아니, 김영수 상 아니십니까?

김: 이동철 씨, '상'이라뇨? 해방된 게 언제인데, 아직도 '상'을 쓰
십니까?

이: 아, 그렇지요. 안 쓰려고 조심하고 있습니다만, 나도 모르게
튀어나옵니다.

김: 좀 더 신경 쓰셔야지요. 그럼, 바쁜 일이 있어서 오사키니시츠
레이시마스(먼저 실례하겠습니다).

이: 뭐라고요?

김: 아, 이런 이런! 스미마셍(죄송합니다).

이: ???

일본어를 솎아내고 우리말을 하루속히 되살려야 한다는 생각이 강했고
서로 살피고 격려하며 애썼지만, 35년간 조선을 지배했던 일본어의 뿌리
와 가지는 의외로 깊고 넓게 퍼져 있었고 삼나무 밧줄처럼 질겼다. 심지어
전화교환수도 습관처럼 '모시모시(여보세요)' '난방에(몇 번의)'를 연발했으
며, 학교 교실에서는 매일 아침 조회 시간마다 시인 하이네가 호출되었다.

교사: 출석을 부르겠습니다. 이동수.

학생: 하이! ('하이'란 소리가 튀어나온 순간, 실수를 만회하려고 세 배는
　　　더 큰 목소리로 다시 대답한다.) 네!
교사: 하하, 여러분, 하이네는 시인 이름이에요. 그냥 '네'로 충분합
　　　니다.

　식민통치의 흔적을 지우기 위해 일본말을 하지 말자, 일본식 이름을 부
르지 말자, 일본 노래를 부르지 말자, 일본 사람 물건을 사지 말자, 일본 인
형이나 노리개를 갖지 말자, 코 흘린 얼굴로 미국 군인 보고 '할로!' 하지 말
자, 미국 군인 보고 손을 내밀며 껌을 달라지 말자, 싸움하지 말자! 더구나
외국 사람 보는 데서 싸우지 말자, 나쁜 말을 하지 말자, 한길에서 음식을
먹지 말자, 한길에서 장난하지 말자. 더구나 전찻길 위에서 장난하지 말자
등등[7] '열한 가지 하지 말자' 운동이 펼쳐졌고, 앞자리는 단연 일본어였다.
조선인의 일상에 깊숙이 파고든 일본어를 솎아내고 우리말을 도로 찾아야
한다는 데 전 조선이 공명하고 있었다.
　서울시 체육 교사들은 일본어 '기오츠케気を付け'와 '야스메休め'를 '차려'
와 '쉬어'로 바꾸었고, 조선건축기술단에서는 일본어투성이 건축 용어를
우리말로 바꾸었다. 사회 전 분야에서 우리말 도로 찾기가 전개되었는데,
중심은 조선어학회였으며, 운동을 주도한 사람은 장지영이었다. 장지영은
'한글이 한참 잠겨서 기르고 닦았던 뜻들을 가다듬어 그른 것을 물리치고
우리말과 우리글을 빛나게 하고 힘 있게 하겠다'라고 선언했다.

장지영은 주시경의 제자였다. 1906년 한성외국어학교 한어과를 졸업했고, 1908년부터 1911년까지 3년 동안 주시경을 사사했다. 상동청년학원에서 스승을 도우며 교사로 일했고, 독립을 쟁취하고자 비밀결사 '흰얼모白英社'를 조직했다. 1919년 2월 28일 조선인들의 궐기를 촉구하는 포고문을 작성·배포하고 3·1운동에 적극 참가했으며 1921년 조선어연구회에 들어가 조선어사전편찬회의 준비위원으로 일했다. 신간회에도 참여했고, 1931년 조선어연구회가 조선어학회로 이름을 바꾸었을 때 간사를 맡았으며, 양정고등보통학교에서 교편을 잡으며 「한글 마춤법 통일안」, 표준어 사정위원으로 활동했다. 조선어학회사건으로 옥고를 치르다 1944년 9월 30일 정열모와 함께 면소되었다. 해방 뒤에는 학회 간사장이 되었고, 최현배와 함께 미군정청 학무국에서 일했다.

최현배와 장지영은 미군정 학무국을 이끄는 쌍두마차였다. 교과서 제작뿐만 아니라 국어 전반에 걸쳐 정책을 수립하는 실무 책임자이자 국어 전문가로서 활동했다. 1947년 1월 장지영의 주도로 미군정 문교부에 국어정화위원회가 설치되었고, 우리말을 도로 찾는 네 가지 방침을 정했다. 18명의 심사위원이 일본어와 우리말 대체어를 조사하고 심사했다. 1948년 6월 2일 943개 표제어를 담은 『우리말 도로 찾기』가 발행되었다.

우리가 지난 삼십육 년 동안, 포악한 왜정 밑에서, 얄궂은 민족 동화정책에 엎눌리어… 이제 우리는, 왜정에 더럽힌 자취를, 말끔히 씻어버리고, 우리 겨레의 특색을 다시 살리어, 천만년에 빛나는 새 나라를 세우려 하는, 이때에, 우선 우리의 정신을 나타내는, 우리말에서부터, 씻어내지 아니하면, 아니 될 것이다.

- 『우리말 도로 찾기』 머리말

  35년간 조선 땅 깊숙이 침투한 일본어 대신 우리말을 쓰자는 제안이었다. 'すし(스시)'는 '생선초밥', 'さしみ(사시미)'는 '생선회', '天ぷら(텐부라)'는 '튀김', 'うどん(우동)'은 '가락국수', 'アイマイ(아이마이)'는 '모호하다', 'アキラメ(아키라메)'는 '단념하다', 'スリ(스리)'는 '소매치기', '当る(아타루)'는 '맞다' 등으로 신속하게 대체될 것을 요구받았다. 어느덧 해방으로부터 75년이 지났다. 과연 일제가 주입한 일본어는 말끔히 청산되었을까?

  1960년대 출생한 또래 세대에게 익숙한 '와리바시, 벤또, 바께쓰, 닌징, 다마네기' 등은 '나무젓가락, 도시락, 양동이, 홍당무, 양파' 등으로 바뀌었지만, '이빠이'나 '앗사리'는 여전히 한국인들에게 애용(?)되고 있다. 한동안 금기시되었던 '스시, 사시미, 돈부리' 같은 말은 일본 식당의 개점과 함께 다시 간판을 장식했고, '가짜 오케스트라'라는 뜻의 신조어 '가라오케'도 노래방 문화와 함께 수입되었다. 전공자가 아님에도 특정 분야에 깊은 지식을 쌓은 사람을 가리키는 '덕후'라는 말은 '오타쿠ぉたく'라는 일본어를 변형한 것이지만, 언론인들이 신문의 '머리기사'를 아직도 '미다시見出し'라고 하는 것은 어떻게 보아야 할까?

우리말 도로 찾기는 전 국민의 공감 속에서 진행되었지만, 한편에서는 익숙한 한자어마저 토박이말로 순화하는 것에 대해 반발했다. '직경, 반경, 삼각형, 평균' 등의 학술용어를 '지름, 반지름, 세모꼴, 고른수' 등으로 바꾸어 쓰자는 주장에 대해서 '익숙한 과학 술어는 그대로 사용하자, 상용화 안 된 것을 고치고 우리말 된 것은 그냥 두자'라는 의견이 제시되었다. 토박이 말 쓰기 또는 새말 만들기가 너무 인위적이라는 주장이었다. 누군가는 '이화여자대학교'는 '배꽃계집아이큰배움터', '합창대'는 '떼소리떼'로 불러야 하느냐며 냉소적인 반응을 보이기도 했다.

장지영의 활동을 적극 지원하고 있던 최현배는 '창조적 활동'으로서 새 말 만들기가 사람들의 가장 소중한 활동이라고 역설했다. 일본인이 창조한 '飛行機', 중국인이 창조한 '飛機'는 써도 괜찮고, '날틀'은 쓸 수 없다고 주장하는 이들을 비판하면서, 배달겨레다운 말을 만들어 쓰는 차원에서 '학교'를 '배움터'로, '비행기'를 '날틀'로 부르는 게 안 될 것도 없다는 주체적 언어관을 드러냈다.[8]

중국인들의 국어 사랑은 널리 알려져 있다. 한국인은 '컴퓨터', 일본인은 '파소콘(퍼스널+컴퓨터)'이라 하지만, 중국인은 '띠엔나오電腦'라고 쓴다. 영어 'hotdog'는 한국에서도 '핫도그'이고 일본에서도 '홋토도구ホットドッグ'이지만, 중국에서는 '르거'라고 한다. 'hot=뜨겁다, dog=개'라고 직역하여 '르거熱狗(뜨거운 개)'라는 중국어 낱말을 만들었기 때문이다.

최현배의 창조적·주체적 새말 만들기가 널리 받아들여졌더라면, 지금 우리는 '날틀'을 타고 전 세계 하늘을 누비고 있을 것이다. 자동차 이름은 대부분 그랜저, 투싼, 소렌토, 스파크, 셀토스, 체어맨 등등 외국어지만, 1997년에 출시된 대우자동차의 누비라는 '이리저리 거리낌 없이 다니다'라는 우리말 '누비다'에서 온 것으로 '세계를 누비는 우리 차'라는 야심 찬 이름이었다. BTS는 방탄소년단을 영어 알파벳으로 표기한 것이고, 영화 〈기생충〉이 아카데미를 석권하고 '짜파구리'가 전 세계를 열광시키는 21세기에도 우리말, 토박이말 이름은 여전히 촌스러운가?

한글의 시대를 열다, 그리고

1929년 사전 편찬에 착수한 조선어학회는 맞춤법 통일안을 제정하는 한편 한글 강습회 등을 활발하게 개최했다. 조선총독부 조사에 따르면, 1930년 조선인의 문맹률은 77.7퍼센트였다. 취학률이 낮아 학교에 가지 못하는 이들은 글을 배울 기회가 없었다. 조선어학회는 한글 강습회를 통해 한글 맞춤법을 보급하고, 문맹을 퇴치하고, 일제에 억눌린 조선어에 생기를 불어넣어 조선인들의 언어 공동체를 구축하고자 했다. 여기에는 언론도 적극적으로 참여했다.

《조선일보》는 1929년 7월 14일부터 '아는 것이 힘, 배워야 산다'라는 기치를 내걸고 전국 규모의 '귀향남녀학생 문자보급운동'을 전개했다. 이에 호응해 방학을 맞은 학생들이 귀향하여 고향 사람들에게《조선일보》교재를 활용해 한글을 가르쳤다. 첫해에 409명의 학생이 참여했고, 1934년까지 모두 8,187명이 참가했으며, 수강생 수는 1933년까지 3만 4,216명이었다. 강습회 교재로 『한글원본』을 발행하여 1929년부터 1936년까지 96만 부를 배포했다.

《동아일보》는 1931년부터 1934년까지 브나로드운동을 전개했다. 브나로드는 러시아의 지식층이 농민 속에 들어가 벌인 계몽운동에서 유래했다. 《동아일보》는 학생계몽대를 조직하여 한글, 숫자, 위생, 학술의 기초 등을 가르쳤는데, 핵심은 문맹 타파와 한글 보급이었다. 1931년 계몽대원 423명을 시작으로 1934년까지 모두 5,751명이 참가했고, 수강생은 9만 7,598명이었으며, 210만 부의 교재가 배포되었다. 초기에는 이윤재의 '조선어 대본'과 백남규의 '숫자대본'을 교재로 사용하다가 1933년 7월부터 이윤재의 『한글공부』를 사용했고, 10월 29일 제정한 조선어학회의 「한글 마춤법 통일안」을 20만 부 인쇄하여 국내외에 배포했다.

그러나 조선어학회와 《조선일보》《동아일보》의 한글 보급을 중심으로 하는 계몽운동은 1935년 여름에 조선총독부에 의해 중단되었다. 표면적인 이유는 학생들의 휴양 문제, 조선총독부 사업인 농촌진흥운동, 민심진작운동과의 충돌 문제 등이었으나, 실은 조선어를 억압한다는 비난을 피하기 위한 구실이었다. 일본어 교육을 강화하고, 조선어 교육을 제한하는 교육 방침에 반하는 문자보급운동을 탄압하려는 술책이었다. 이로써 학교를 다니지 못하는 조선인은 한글을 배울 수 있는 기회마저 빼앗겼다. 해방이

되었을 때, 문맹률이 78퍼센트였다는 사실은 이런 사정에서 기인했다.[9]

서울의 한 음식점에서 1932년부터 1936년 사이에 사용하던 '금서집'이란 방명록에 '한글이 목숨'이라는 최현배의 친필 휘호가 남아 있다. 날짜가 없어 정확히 언제 썼는지는 알 수 없지만, 「통일안」 제정을 전후해 활발히 전개되던 한글 강습회가 조선총독부에 의해 폐지되는 것을 보면서 '이대로 가다가는 정말로 한글이 죽을지도 모른다'고 생각했을 것이다. '민족과 한글의 운명이 백척간두에 있다'는 절박감에서 최현배는 마지막 희망의 끈을 붙잡는 심정으로 '한글이 목숨'이라 썼을 것이다.[10]

조선 팔도가 한글을 배워야 한다는 열기로 달아올랐다

35년간의 일제 식민통치가 막을 내리면서 조선 팔도는 해방되었다. 거리에 나가 '대한 독립 만세'를 목이 터져라 외쳐도 잡혀가지 않았다. 길을 가다 모르는 사람을 만나도 함께 만세 삼창을 했다. 아직 조선인들의 정부는 만들어지지 않았고 미군정이 설치되었지만, 조선인들은 해방과 독립과 자유를 노래했다. 식민 교육에 짓눌렸던 조선인들의 교육열도 폭발했다. 조선 팔도가 '한글'을 배워야 한다는 열기로 달아올랐고, 곳곳에서 한글 강습회가 열렸다.

각 학교는 물론이고 관청, 은행, 회사, 사회단체들의 요청에 의하여 우리 회원들은 경향 각처의 한글 강습회 강사로 나갔다.[11] – 정인승

조선어학회는 눈코 뜰 새 없이 바빴다. 문맹자들에게 한글을 가르쳐 글 장님에서 벗어나도록 하는 것도 시급했지만, 일제하 식민 교육에 의해 양성된 교사들에게 학생들을 맡길 수는 없었다. 조선의 미래는 조선의 지식과 정신으로 무장한 선생님들이 맡아야 했다. 일반인을 대상으로 하는 강습회도 중요했지만, 학회는 교사들의 재교육에 더욱 심혈을 기울였다.

'국어과 지도자(사범부) 양성 강습회' '사범부 3과 지도자 양성 강습회' '고등부 한글 지도자 양성 강습회' '현직 교원 재교육 강습회' 등을 열어 국어, 국사, 사회 상식을 가르칠 교사를 양성했고, 현직 교원의 재교육을 위해 김윤경, 방종현, 이강래, 이숭녕, 이탁, 이호성, 이희승, 장지영, 정인승, 최현배, 김병제, 정태진 등이 전국을 순회했다. 해방과 우리말을 되찾은 벅찬 감격

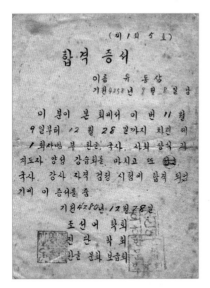

(제 1 회 5 호)

합격 증서

이름 유동삼
기원4258년 7월 8일 남

이 분이 본 회에서 이번 11월
9일부터 12월 28일까지 치른 제
1회사범부 훈련, 국사, 사회 상식 과
지도자 양성 강습회를 마치고 또
국사, 강사 자격 검정 시험에 합격 되었
기에 이 증서를 줌

기원4280년 12월 28일

조선어학회
신간 학회
한글 문화 보급회

유동삼은 제1회 사범부 지도자 강습회를 마치고
강사 자격시험에 합격했다. 유동삼은 세종중등국
어교사양성소 제1회 졸업생으로 이후 교사, 시조
시인으로 활동했다. (한글학회 제공)

속에서 진행된 강습회는 사뭇 진지하고 경건하고 뜨거웠다. 강사는 지각 한 번 하지 않고 강의 시간을 꽉 채웠고, 수강생들은 결석 없이 열정적으로 공부했다.

일제하 설립을 시도하다 실패했던 '양사원(양사관)'의 꿈은 1948년 '세종중등국어교사양성소' 설립으로 이루어졌다. 국어 교사 양성은 조선어학회 재건 때 정한 시급한 과제 중 하나였다. 일찍이 이극로가 조선어학회의 할 일 중 첫째로 사범학교 설립을 꼽은 것도 국어 교사 양성 학교를 설립해야 한다는 학회의 열망을 반영한 것이었다.

한글 강습회를 통해 교수 경험을 축적한 조선어학회는 이제 국어 사범대학 설립의 꿈을 실현하고자 행동에 나섰다. 처음에는 조선어학회 대표 장지영과 한글문화보급회 대표 및 학관 설립 후원회장이 추진하는 '국어 사범대학 계획안'을 세웠다가, 1948년 7월 7일 학회 단독 명의로 '세종중등국어교사양성소' 설립 인가 신청서를 문교부에 제출해 8월 8일 인가를 받았다.

조선어학회는 신문 광고를 통해 학생들을 모집했고, 1기생 120명이 입학하여 10월 1일 첫 수업을 시작했다. 입학생의 대다수가 20대였으나 많게는 46세(이병교, 1902년생, 서울 보인상업학교 교사), 적게는 18세(이희산, 1930년생)도 있었다. 또 대다수가 직장인이었는데, 국민학교 교사가 가장 많았고, 은행원, 우체국 직원, 대학생도 있었다.

세종양성소는 2년제로 중등 국어 교사 양성 학교였다. 1년에 2학기, 총 4학기에 걸쳐 수업을 진행했다. 교과목은 국어 교사 양성소인 만큼 국어학을 중심으로 교사들에게 필요한 과목으로 구성되었고, 당대 최고의 교수들이 강의를 맡았다. 조선어학회 회원들이 교수진의 중핵을 이루었고, 필요한 경우 외부에서 강사를 초빙했는데 대부분 대학교수였다.

1950년 한국전쟁이 일어나자 세종중등국어교사양성소도 피난을 떠났다. 교사도 학생도 뿔뿔이 흩어졌다. 전쟁이 끝난 후 한글학회(1949년 개칭)는 양성소의 재건을 위해 노력했으나, 재정 문제, 교실 문제, 한글맞춤법간소화파동 등 여러 사정으로 좌절되었다. 이극로의 월북에 대해서는 뒤에서 자세히 다루겠지만, 일제 때부터 물불을 가리지 않는 왕성한 활동력과 추진력으로 종횡무진 거리를 활보하며 학회를 이끌던 이극로의 빈자리가 더없이 커 보이는 순간이었다.

양성소는 '국어 교사로서 충분한 자질을 쌓는 학습 기관'으로 출발했다. 비록 야간학부로 운영된 2년제 교육기관이었지만, 수준 높은 교과과정 운

세종중등국어교사양성소 교과목과 강사진. (*는 학적부에 수업 기록이 있으나 강사를 확인할 수 없다.)

과목	강사	과목	강사
고전 국문학, 고전 국어학	장지영	국어학 강독(연습)	유열
현대 말본과 그 연습	최현배	국어 교수법	최현배(1기), 이호성(2·3기)
국어학 개론	이희승	국어학사	김윤경
영어	박희성	언어학 개론	정태진
국사	신동엽	국문학 개론	구자균
교육학	홍정식	맞춤법 원리와 연습	김진억
법제	추봉만	교육사	사공환
음성학	김선기(1기) 한갑수(2·3기)	체육	이병학(1기) 백용기(2·3기)
국문학 강독(연습)	이병기	문법론*	
국문학사*		한문*	
교육심리학*		공민*	

영으로 지식과 덕목을 두루 갖춘 실력 있는 국어 교사를 양성했다. 졸업생들 다수가 국어 교사가 되거나 교육 분야에서 활동했고, 나라의 동량이 될 인재를 길러내며 사회 발전에 헌신했다. 양성소가 재개되고 국어전문대학이나 대학원으로 성장했다면 국어학계는 물론 대한민국 사회의 든든한 버팀목이 되었을 것이다.[12]

문맹률 78퍼센트, 민중을 구제하라!
한자폐지와 한글전용법

1945년 10월 중순 숙명고녀에서 장지영을 위원장으로 하는 '한자폐지
실행회 발기준비회'가 열렸다. 준비위원은 30명이었고, 신중한 토론 끝에
'민족문화의 기초인 우리말의 발전'을 위해 노력할 것을 결의했다. 무엇보
다도 글을 모르는 민중을 구제하는 것이 시급한 과제라고 판단하고서는
문맹을 퇴치하기 위해서는 반드시 한글을 전용해야 한다는 생각으로 초등
교육과 일상 생활문, 신문 등에서 한자를 폐지하고, 언어생활 전반에서 한
글전용을 확대해 나가기로 했다.

1945년 11월 30일 오후 3시 숙명고녀에서 한자폐지실행회 발기총회
가 개최되었다. 각계 인사 1,171명이 동참했으며 이극로 외 69명의 위원
이 선출되었다. 이들은 한자폐지 실행의 구체적인 방법으로서 미군정 학무
당국에 대해 '초등학교 교과서에서 한자를 폐지하라'는 건의를 가결하고,
정거장·관청·회사·상점·학교·기타 공공단체의 문패 간판도 국문으로 할
것, 각 언론기관과 긴밀히 제휴할 것 등을 결의했다.

실행회가 활동을 시작하자, 미군정 학무국 조선교육심의회에서도 한자
문제에 대한 논의를 시작하여 '한자 사용 폐지, 초등·중등학교의 교과서는
한글로 하되, 다만 필요에 따라 한자를 도림(괄호) 안에 적기'로 했다. 당시
교과서 문제를 담당한 제9분과위원회의 위원들은 최현배, 장지영, 조진만,

조윤제, 피천득, 황신덕, 제임스 웰치James C. Welch 중위, 김성달 등이었는데, 한자폐지를 적극적으로 주장한 사람들은 최현배, 장지영 등 조선어학회 회원들이었다.

1945년 12월 8일 조선교육심의회 전체 회의에서 한자폐지안을 가결하여 '초등·중등교육에서는 한글만 쓰고 한자는 쓰지 않기'로 했다. 이는 교육 언어에서 한자를 폐지한 최초의 결정이자 조선어 글쓰기의 기본 방향을 정한 획기적인 조치였다. 그러나 한자폐지에 모두 찬성한 것은 아니었다. 교육행정위원이던 현상윤(보성전문학교 교장)은 '언문이란 여인네들에게나 가르칠 것이지, 당당한 남자들에게 그것을 가르쳐서 무식장이를 만들자는 말인가?'라면서 맹렬히 반대했다. 요즘 같으면 여론의 집중포화를 맞을 여성 비하 발언이었다.

또 한 사람의 반대자 조윤제가 '한자폐지라는 문제가 비록 적은 듯하지만 실은 민족의 발전, 국가의 운명에 걸리는 큰 국사'라고 할 정도로 '한글이냐 한자냐'는 문자 생활뿐만 아니라 국운을 좌우할 수도 있는 중차대한 문제로 여겨졌다. 조선어학회를 중심으로 한자폐지를 주장하는 세력과 반대파 사이에 격렬한 논쟁이 전개되자, 1946년 1월 미군정청 사회과에서는 종로에 나가 일반 시민의 생각을 물었다.

한자폐지의 여론이 분분함으로... 조사 인원은 일반 시민 1,384명과 교육자 438명 도합 1,822명인데 이 중 한자폐지를 하자는 말을 들었다는 사람이 시민 중에 1,078명인데 그중 교육자가 434명으로 거의 다 알고 있는 모양인데 찬성하는 시민은 549명이고 교육자 246명으로 반수 이상이 찬성을 표시하였다.[13]

시민들의 찬성률은 85.2퍼센트였고, 교육자의 찬성률은 56.7퍼센트였다. 문맹률 78퍼센트라는 참담한 상황에서 시민 다수가 한글에 희망을 가졌지만, 교사 집단으로 대표되는 식자들은 여전히 국한문혼용을 선호하고 있었다. 한글이냐, 한자냐? 새 사회 새 국가 건설 도상에서 문화의 기초를 세우는 문자로서 무엇을 선택하느냐에 따라 미래가 좌우될 수 있는 중대한 사안이었다.

현대는 민중의 시대이요, 한글은 민중의 글자이다. 대중의 노동과 생산을 희생으로 하여, 소수의 특권 계급만이 배울 수 있는 봉건적 글자인 한자를 완전히 물리쳐버리고, 우리는 민중의 글자인 한글만을 가로쓰기로 하여, 옛날 한자의 세로 문화에 갈음하여, 한글의 가로 문화를 건설하자.[14] – 최현배

해당 분야의 권위자들이 한자폐지로 인한 언어생활의 혼란을 지적하면서 '한자전폐 불가'를 역설했고, 조윤제는 한자는 2천 년 동안 사용해온 '국자'라고 주장하면서 준비도 없이 일시에 한자를 폐지해서는 안 된다며 맞

섰다. 한자폐지 반대를 주장하는 지식인이 적지 않았지만, 1946년 3월 2일에 열린 국어교본편찬위원회에서 31 대 10으로 한자폐지안이 가결되었다. 1회전은 조선어학회와 한글의 승리였다.

'한자폐지=한글전용의 길'은 주시경 이래 조선어학회의 이상이었다. 해방 후 문교 행정에 관계한 대다수가 난해한 한자 대신 한글을 대중문화 건설, 민주국가 건설의 도구이자 새 문화의 표현 기관으로 삼아야 한다는 조선어학회의 주장에 공감한 것은, 봉건제와 일제의 청산이라는 의미와 함께 문자가 사람을 지배하는 세상이 아닌 사람이 문자의 주인이 되는 새 세상에 대한 열망의 표현이었다.

한글 대 한자의 대결 2회전은 제헌국회에서 펼쳐졌다. 1948년 5월 31일에 개원한 제헌국회는 정부 수립을 위해 국회법, 헌법, 정부조직법 등 관련 법 제정을 위한 논의에 들어갔다. 조선어학회를 비롯하여 전국 각처에서 '헌법을 한글로 써서 공포해달라'는 건의서를 국회에 제출했고, 경상북도 김천에서 당선된 무소속 권태희 의원은 헌법을 한글로 써서 공포해야 한다는 긴급동의안을 의원 112명의 연명으로 제출했다.

내일 공포될 헌법은 우리나라의 말과 우리나라의 글로써 기록되어 있지 않고 외국말인 한문으로 기록되어 있기 때문에 이 헌법을 이해할 수 있는 사람은 국민의 가장 적은 수효인 일부에 한정되어 있고, 국민의 다수인, 적어도 8할 이상을 점하고 있는 한문을 이해할 수 없는 다수의 근로자와 부녀자층과 청소년층은 읽을래야 읽을 수 없고 알래야 알 수 없는 기막힌 사실이 바로 의사당 문 밖을 나가면 볼 수 있는 뚜렷한 일입니다.

권태희의 발의는 제헌의회 의원 198명 중 112명이 연명하여 이미 과반의 동의를 얻었다. 의장 이승만은 '100여 명 의원이 여기에 찬성하신 것은 대단히 기쁜 일입니다. 대단히 감사해요. 우리나라 국문을 선조들이 언문이라 부르고 한문을 진서라고 한 것은 우리 선조들의 죄'라고 지적하며, 조속한 시일 내에 한글 헌법을 마련하겠다고 약속했다. 앞서 언급했듯이 이승만은 언론인 시절 대표적인 국문론자 중 한 사람이었다.

한글 헌법을 작성하기로 했다는 낭보를 접한 조선어학회는 7월 18일 이사회 논의를 거쳐 국회에 감사문을 보내고, 한글을 국자로 삼고 일반 공용 문서를 한글로 쓰는 것을 법률로 정하는 '한글전용법 제정운동'에 착수했다. 7월 24일 조선어학회는 한글 헌법 공포에 감사를 표하는 성명서를 발표했고, 국회에 한글전용법 제정을 건의했다. 조선어학회는 신속하게 움직였고, 이에 화답하듯이 권태희 외 138명의 연명으로 '한글전용에 관한 법률안'이 발의되었다.

9월 30일 제78차 본회의에서 '대한민국의 공용 문서는 한글로 쓴다. 다만 필요한 때에는 한자를 협서할 수 있다'라는 내용을 둘러싸고 치열한 토론이 벌어졌다. 제1독회에서 주기용(무소속, 문교사회위원회 위원장), 권태희

(무소속), 조헌영(한민당) 등이 한글전용법 제정의 당위성을 설명했지만, 서정희(한민당), 조한백(무소속), 서우석(한민당), 정광호(한민당), 김우식(전도회) 등이 반대하면서 찬반양론은 밀고 밀리는 호각지세를 보였다.

주기용은 '민족의 8할이 노동자와 농민이라는 점을 강조'하면서 '민주주의 국가의 주인인 국민이 이해할 수 있는 국문을 사용해야 한다'라고 주장했고, 권태희는 법 제정의 필요성을 세 가지 이유를 들어 호소했다. 첫째, 우리나라 글을 우리나라 공용 문서에 쓰자. 둘째, 이북에서 한글을 전용하고 있는데, 남북통일이 되었을 때를 대비해서 우리도 한글을 전용해야 한다. 셋째, 금후 교육은 과학적 교육이어야 하는데 그러려면 한글을 사용해야 한다.

그러나 조한백은 한글 사용에 찬성한다고 하면서도 한자폐지로 인한 문화의 혼란을 지적하며 한글전용은 시기상조라고 맞섰다. 또 정광호는 공문서 범위의 모호함을 지적하면서 한자 교육의 필요성을 역설했으며, 김우식도 한글전용으로 인한 한자폐지의 부당함을 지적했다. 첫날 독회는 결론 없이 끝났다.

10월 1일 제79차 본회의에서 한글전용법을 놓고 찬성파와 반대파가 다시금 공방을 벌였다. 권태희의 요청에 의해 발언권을 얻은 문교부장관 안호상은 '한문전용은 외국에 대한 수치'라고 언명하면서 한글전용법 제정이 필요하다고 역설했다. 초대 문교부장관 안호상이 조선어학회사건 33인 중 1인이었다는 점을 기억한다면, 조선어학회-국회(권태희)-정부(안호상) 사이에 한글전용법 제정을 위한 암묵적 연대가 형성돼 있었음을 짐작할 수 있다.

결국 한글전용법은 제2독회에서 '대한민국의 공용 문서는 한글로 쓴다. 다만 얼마 동안 필요할 때에는 한자를 병용할 수 있다'는 조헌영 의원의 수정안으로 표결에 부쳐졌다. 그 결과 재석 의원 131명 가운데 찬성 86명, 반대 22명으로 통과되었다. 그런데 국회에서 가결된 문안은 '필요할 때'였지만 실제 확정 고시된 문안에서는 '필요한 때'로 수정되었다.

법률 제6호 한글전용에 관한 법률
대한민국의 공용 문서는 한글로 쓴다. 다만, 얼마 동안 필요한 때에는 한자를 병용할 수 있다.

부칙
이 법은 공포한 날로부터 시행한다.

국회는 민의를 대변하는 곳이다. 민의는 한글을 선택했고, '한글전용법'을 제정했다. 조선어학회와 한글의 2연승이었다. 그러나 한글전용법에는 맹점이 있었다. 법을 지키도록 하는 강제 규정도 없었고, 위반 시 처벌하는 규정도 없었다. 이 같은 결함으로 인해 누구보다도 법을 존중하고 솔선수범해야 할 공무원조차 공문서 작성에 한자를 사용함으로써 한글전용의 이

상은 오랫동안 실현될 수 없었다.[15]

1988년에 창간된 《한겨레》가 처음부터 한글전용을 표방했지만, 1990년대까지 신문은 대부분 국한문혼용이었고, 대학에서는 교수들이 보고서를 국한문혼용으로 작성할 것을 요구했다. 하지만 세상은 서서히 달라지고 있었다. 공문서, 신문, 보고서 등에서 차츰 한자가 사라졌고, 관공서 주변에서 굴 딱지처럼 성업하던 대서소도 사라졌다. 국한문혼용론자들은 한글로는 학문을 할 수 없다고 했지만, 지금 한국인들은 시와 수필, 소설 등 문학뿐만 아니라 학술논문도 특별한 분야가 아니면 한글로 쓴다.

2019년 봄, 학교를 다니지 못해 평생을 까막눈으로 살아오신 할머니들이 쓴 책 『우리가 글을 몰랐지 인생을 몰랐나』가 출간되어 독자들의 심금을 울렸다. 가난해서 학교를 다니지 못한 분도 있고, 여자가 배워서 어디다 써먹을 거냐는 전근대적 사고와 여성에 대한 편견과 차별 때문에 학교 문턱조차 가보지 못한 분도 있었다. 배우지 못한 게 평생 한이었던 할머니들에게 늦게나마 빛을 주고 행복한 삶을 선물한 것은 한글이었다.

살맛나는 세상[16]

돈을 찾으러 은행을 갔습니다. 그리고 자신 있게 계좌번호, 금액을 썼습니다. 은행 직원이 글을 예쁘게 쓴다고 했습니다. 나는 너무 기분이 좋아 어깨가 으쓱했습니다.

글을 모를 때는 애들 보고 써주라고 했습니다. 그런데 지금은 혼자서 척척 쓸 수 있습니다.

해방 후 조선어학회가 한글전용운동을 추진하지 않았다면, 대한민국 사회가 한글을 선택하지 않았다면, 한자파의 수구적 저항과 농성에 부딪혀 국한문혼용을 폐기하지 못했다면, 지금도 한말이나 일제 때처럼 한글에 난해한 한자를 덧붙여 쓰고 있다면, 아마도 문맹의 고통과 슬픔, 설움 속에서 평생을 살아오신 할머니들의 한은 끝내 풀리지 않았을 것이다.

이극로는 북으로, 조선어학회는 한글학회로

해방 후에도 이극로는 조선어학회를 대표했다. 1945년 8월 25일 임시 총회에서 이극로는 간사장에 임명되어 학회 운영을 책임지게 되었을 뿐만 아니라, 3년 만에 재개된 사전 편찬을 지휘했다. 1945년 9월 26일에 결성된 한글문화보급회의 고문, 긴급한 교과서의 편찬을 위해 9월 2일에 조직된 교재편찬위원회의 위원, 한자폐지실행회의 위원장, 미군정 학무국의 조선교육심의회 초등교육위원회 위원 등으로 왕성하게 활동했다.

그런데 1948년 4월 평양에서 열린 남북연석회의와 4인회담 등이 모두 끝나고, 5월 5일 김구와 김규식은 서울로 귀환했으나 이극로는 홍명희, 이용, 장권 등과 함께 북에 남았다. 이극로는 평양에서 7월 12일 날짜로 학회에 사임원을 발송했고, 학회는 1948년 8월 11일에 열린 이사회에서 이극로가 맡았던 서무부를 정인승에게 맡기기로 하고, 8월 28일 이극로의 퇴직을 정식으로 승인했다. 도대체 무슨 일이 벌어진 것일까?

1948년 4월 평양에서 회의가 열리기 전에 이극로는 북에서 온 편지 한통을 받았다. 발신인은 김두봉이었다. '나라가 두 쪼가리 나더라도 말이 두 쪼가리 나서는 안 된다. 그러니 사전 편찬이 중한데 북에 사람이 없다. 남쪽에는 최현배 선생만 있어도 안 되나? 그러니 당신은 북으로 와달라'는 내용이었다. 이극로에게 김두봉은 스승과 같은 존재였다.[17] 이극로는 다시 한번 중대한 선택의 기로에 섰다.

'남북이 이렇게 분단이 되어서는 안 되니, 일단 통일을 위해 가자. 이곳은 최현배 선생에게 맡기고, 북에 가서 일하자. 땅은 갈라져도 언어는 갈라져서는 안 된다!'

평양에서 이극로는 김두봉을 만났다. 주시경의 수제자인 김두봉은 정치인으로서 눈코 뜰 새 없이 분주한 시간을 보내고 있었다. 1947년 2월 북조선인민회의 상임의원회 의장을 거쳐 1948년 9월 북한 정권 수립 후에는 최고인민회의 상임위원회 위원장으로 활동했다. 그러나 김두봉은 본디 국어학자였고, 1948년 1월 15일 조선어문연구회가 공포한 「조선어 신철자법」도 그의 학설에 기반을 둔 것이었지만, 국어 문제까지 손수 담당할 상황이 아니었다.

해방 후 북한은 인재난에 시달렸다. 북의 조선어가 이극로를 필요로 하고 있었다. 북한의 국어 정책을 담당해달라는 김두봉의 부탁은 빈말이 아니었다. 이극로는 서울에 있는 가족에게 편지를 띄웠고, 얼마 후 가족들도 월북했다. 북행의 결단을 내린 것은 가족뿐만이 아니었다. 김병제, 유열, 정열모 등도 잇따라 월북해 조선어문연구회와 김일성종합대학 등에서 활동했다.

이극로는 1948년 9월 9일 조선민주주의인민공화국 수립 당시 무임소 상에 임명되었지만, 10월 2일 조선어문연구회 위원장에 임명되어 북한 국어 정책의 책임자로서 한글운동이라는 본연의 활동에 복귀했다. 1947년에 조직된 조선어문연구회는 한자폐지와 문자 개혁을 위한 활동을 비롯해 어문 정리, 지도 사업, 철자법 교정, 강연회 개최, 출판 사업 등에 걸쳐 전방위적인 국어 정책 수립과 연구 활동 등을 전개했다.

주시경에게 직접 배우고 그의 학설을 계승한 대표적인 인물이 김두봉과 최현배였다. 김두봉과 최현배의 국어학은 스승의 학설을 딛고 선 것이었고, 김두봉을 사사한 이극로 역시 주시경 학파의 일원이었다. 남에는 조선어학회가 있었고, 최현배가 있었다. 북에는 김두봉이 있었고, 이극로가 합류했다. 남과 북의 문법과 사전은 결국 주시경 국어학의 울타리 안에서 정립되고 발전했다고 볼 수 있다. 남한의 표준어와 북한의 문화어가 다르면서도, 한국어 혹은 조선어가 크게 달라지지 않은 것은 언어의 분단을 막고자 했던 남북 국어학자들의 노력의 결과다.

이극로가 북에서 활동을 전개하자, 색안경을 끼고 조선어학회를 보는 시선들이 생겨났다. 1948년 9월 12일 학회는 오랫동안 학회를 대표해온 동료에 대한 변함없는 존중의 뜻으로 이극로를 명예이사에 추대했다. 그러나 주위의 시선은 부담스러웠다. 1949년 9월 25일 정기총회에서 학회 이름을 바꾸는 문제를 놓고 난상토론이 벌어졌지만 결론을 내지 못하고 10월 2일 다시 회의를 열었다. 국어학회(정태진), 대한어학회(최현배), 한국어학회(김윤경), 국어연구회(이희승, 방종현) 등의 이름이 후보로 올랐으나, 결국 정인승이 제안한 '한글학회'로 새 이름을 정했다.[18]

1948년 남북에 두 개의 정부가 수립되었다. 남은 대한민국, 북은 조선민주주의인민공화국이었다. 민감한 시기에 이극로가 북에서 활동하고 있었다. 1908년 국어연구학회로 출발했지만 국망과 함께 배달말글몯음(조선언문회)으로 이름을 바꿔야 했고, 1919년 조선어연구회로 새출발을 했으나, 조선에 들어온 일본인들이 조선어 습득을 위해 곳곳에서 '조선어연구회'를 만들자 1931년 조선어학회로 개칭했다.[19] 그때마다 나름의 사정이 있었지만, 일제하에서도 유지했던 '조선어학회'라는 이름을 쓸 수 없게 된 것은 분단이 남긴 또 하나의 38선이었다.

28년 만에 이룩한 감격적인 쾌거, 『큰사전』

정태진이 구금된 후 자리에 누운 아버지가 1943년 1월 30일에 세상을 떠났다. 영어의 몸이 된 정태진은 부친의 임종도 지키지 못한 불효를 자책하며 눈물을 흘렸다. 1945년 7월 1일 정태진은 2년 형기를 마치고 석방되었다. 고향 집으로 돌아온 정태진을 어머니와 병석에 누운 아내가 맞아주었다. 8월 16일 정태진은 화동 129번지를 찾았다. 창고 같은 편찬실을 둘러보았다. 예상대로 『큰사전』 원고는 없었다. '어디로 갔을까?' 처음부터 다시 원고를 쓸 생각을 하니 눈앞이 캄캄했지만, 『큰사전』 완성을 위해 남은 인생을 쏟아붓기로 결심했다.

해방 후 조선어학회 회원들은 교과서, 한글 강습회, 『큰사전』 편찬, 대학 출강 등으로 몸이 열 개라도 모자랄 지경이었다. 정태진에게도 각처에서

요청이 들어왔다. 대학에서는 교수 자리를 제안했고, 미군정에서도 도움을 청했다. 영어 한두 마디만 해도 미군정과 연이 닿아 이권을 챙길 수 있던 시절이었다. 미국 유학파는 물 만난 고기처럼 장안 구석구석을 누비며 세력을 확장해 나가고 있었다.

정태진은 미국에서 석사 학위를 받았기에 마음만 먹으면 교육계나 정계에서 한자리 차지할 수 있었다. 그러나 그는 미군정에서 사람이 올 때마다 진땀을 흘려가며 거절했다. 고향 파주에서는 나오기만 하면 당선은 떼어놓은 당상이라며 제헌의원 선거에 출마하라고 요청했지만 일언지하에 거절했다. 보통 사람의 상식으로는 도저히 이해할 수 없는 행동이었다. 세상 물정 모르는 고루한 샌님이라고 비아냥거리는 이들도 있었다.

정태진은 조선어학회에서 꿈쩍도 하지 않았다. 『큰사전』 편찬과 한글 강의 그리고 자신의 관심사인 방언 연구에 1년 365일을 쏟아부었다. 그는 미국 유학 시절부터 쓰던 빛바랜 중절모자를 쓰고 다녔다. 앞쪽에 작은 구멍까지 나 있어 길가에 버려도 아무도 주워 가지 않을 것 같은 낡은 모자였다. 점심때가 되면 다들 삼삼오오 건물을 빠져나갔지만, 정태진은 집에서 싸온 인절미 몇 조각으로 점심을 때웠다.[20]

그의 호는 '석인石人'이었다. 호 그대로 그는 '돌사람'이었다. 돌처럼 움직이지 않았다. 그가 왜 온갖 유혹을 물리쳤는지는 모른다. 한 번도 그 이유를 스스로 설명한 적이 없기 때문이다. 이에 대해 남긴 글도 없다. 정태진을 곁에서 지켜본 측근과 동료들은 그 연유를 조심스럽게 추측할 뿐이었다. 자신으로 인해 조선어학회사건이 발생했고, 동지들이 고통을 당했으며, 이윤재와 한징이 옥에서 유명을 달리했다는 사실에 대한 무거운 책임감을 느꼈을 것이라고.

조선어학회 재건 초기 사무실 겸 편찬실은 화동 129번지에 있었다. 사전 원고를 찾는 일뿐만 아니라 교과서 편찬, 한글 강습회, 잡지『한글』발행, 국어 교사 양성 등등 할 일이 산더미였다. 그 많은 일들을 처리하기에 화동 사무실은 너무 협소했다. 이종회가 청진동 188번지에 있는 전 경성보육학교 건물과 함께 터를 기증하겠다는 의사를 전해왔다. 일제 때 항공본부에 제공했던 곳이지만 개전의 뜻이라 받아들이고 9월 5일 조선어학회는 청진동 188번지로 이사했다.[21]

한결 널찍한 곳으로 옮겨 여건이 좋아졌지만, 무엇보다도 시급한 것은 『큰사전』원고를 찾는 일이었다. 원고는 조선어학회사건으로 체포될 때 일경에 압수되었다. 어디에 있는 걸까? 난리통에 폐기되거나 없어진 것은 아닐까? 온갖 불길한 생각을 떨칠 수 없었다. 1929년부터 1942년까지 그러모으고 정리한 원고들이 모두 사라지고 말았는데 어찌『큰사전』을 편찬할 수 있을까? 원고를 찾기 위해 백방으로 수소문했다. 함흥에도 연락을 해보고 서울고등법원에도 문의를 했으나, 원고의 행방은 묘연했다.

조선운송 창고에서 찾아낸 보물

애간장이 바짝바짝 타들어가던 어느 날이었다. 1945년 10월 2일, 운수 창고를 정리하던 서울역 역장이 이상한 종이 뭉치들을 발견했다. 겉장에 큼지막하게 한글로 '큰사전'이라고 적혀 있었다. '이게 뭘까? 아, 이건 조선어학회에서 만들던 큰사전 원고가 틀림없어.' 자신도 모르게 가슴이 두근거렸다. '이게 큰사전 원고가 맞다면?' 역장은 지체 없이 조선어학회로 연락을 했다.

"서울역 창고에서 큰사전 원고가 나왔습니다!"

『큰사전』 원고는 조선어학회사건의 제1호 증거물이었다. 관련자들이 체포되었을 때, 원고도 기차에 실려 함흥으로 옮겨졌다. 경성에서 함흥으로 다시 홍원으로, 함흥으로 오락가락하면서 '태극기, 창덕궁, 서울, 단군, 백두산' 같은 낱말은 독립운동과 불온의 증거가 되었다. 사전을 만들던 이들이 옥고를 치르는 동안 풍파에 휩쓸린 원고도 수난을 겪고 있었다.

1945년 1월 18일 이극로, 최현배, 이희승, 정인승 등이 원심 판결에 불복해 상고했을 때, 『큰사전』 원고는 다른 증거 자료들과 함께 기차에 실려 서울로 돌아왔다. 그런데 패전을 눈앞에 둔 상황에서 조선총독부의 사법행정이 원활하게 이루어지지 못해 유죄의 증거인 사전 원고 뭉치들이 서울역 조선운송주식회사 창고에 방치되었던 것이다. 만일 지난 1월에 상고를 하지 않았다면 원고는 어떻게 되었을까? 인간지사 새옹지마라더니, 참으

서울역 창고에서 발견된 『큰사전』 원고. (한글학회 제공)

로 불행 중 다행이었다.

정인승을 비롯한 사전 편찬원들은 한걸음에 서울역으로 달려갔다. 창고 속에 다른 짐들과 함께 파묻혀 있던 원고를 확인한 순간, 35년 만에 나라를 되찾았을 때처럼 다시 한번 뜨거운 눈물이 흘러내렸다. 말로는 형언할 수 없는 감격적인 순간이었다. 누군가는 원고 앞에서 덩실덩실 춤을 추었다. 처음부터 다시 시작하면 몇 년이 걸릴지 알 수 없는 일이었다.[22] 사전 편찬 원들에게는 생명과도 같은 귀중한 원고였다. 함흥형무소에서 옥사한 장인 이윤재를 대신해 사전 편찬에 참여한 김병제는 발견 당시 상황에 대해 이렇게 말했다.

함흥지방법원 검사국에 송국된 후 재판 결과는 최고 6년 최하 2년의 극형이었습니다. 그동안 이윤재와 한징 두 분은 잔인무도한 학대로 인하여 우리말광의 완성을 보시지 못하고 원한의 눈을 감지 못한 채 옥사하였습니다... 말광원고는 증거물로 금년 7월 28일에 서울로 전송되었습니다... 8월 15일에 석방되어 상고 중이던 이극로, 최현배, 이희승, 정인승 제씨는 서울로 올라오자 말광원고를 전력을 다하여 찾았습니다. 그러나 미군이 진주하기 전까지도 일본 관헌의 방해로 찾을 길이 아득하여 일시는 매우 염려되던 차에 정성과 이 꾸준한 노력의 보람으로 10월 2일 만3년(기사 원문에는 만2년으로 되어 있다-지은이) 만에 경성역 안에 있는 조선운송주식회사朝運 창고에서 발견하였습니다.[23]

편찬원들은 원고를 되찾은 흥분이 채 가라앉기도 전에 붓대를 들었다. 극적으로 되찾은 원고였지만, 일제의 억압과 검열로 인해 빠진 말도 많았고, 용례가 누락된 것도 있었으며, 해설이 적절하지 못하거나 미진한 것도 많아 전반적으로 검토가 필요했다. 하루라도 빨리 사전을 완성하기 위해 편찬원들은 야근을 밥 먹듯 했다. 의견 차이가 나면 핏대를 올리고 언성을 높였다. 사투리다, 아니다, 설탕을 넣어 먹는 것은 '쳐 먹다'고 아귀같이 먹는 것이 '처먹다'다. 비슷한 논쟁이 하루에도 몇 차례씩 발생했다.[24] 그래도 누구의 간섭도 받지 않고 마음껏 우리말 사전을 만들 수 있어서 다들 행복했다.

조선어를 수호하고 보전하고자 한 민족정신의 산물

사전 편찬은 재개됐지만, 조선어학회 재정 형편으로는 자력 출판이 불가능했다. 1947년 봄, 이극로와 김병제는 을유문화사를 찾아가 출판을 부탁했으나 출판사 역시 사정이 여의치 않았다. 두 번이나 거절을 당했지만, 이극로는 포기하지 않았다. 세 번째 출판사를 방문한 이극로는 원고 뭉치로 책상을 내려치며 한탄했다.

"누구 하나 『큰사전』에 관심을 보이지 않으니 우리나라가 해방된 의의가 어디 있단 말이오? 그래 이 원고를 가지고 일본 놈들한테나 찾아가서 사정해야 옳은 일이겠소?"

이극로의 호소가 마침내 정진숙 대표를 비롯한 을유문화사 중역진의 마음을 움직였다. 삼고초려 끝에 맺은 결실이었고, 물불을 가리지 않는 이극로의 진면목이 다시 한번 드러나는 장면이었다. 1929년에 시작한 사전 만들기가 18년 만에 첫 열매를 거두는 순간이었다. 1947년 10월 9일에 나온 『조선말 큰사전』 제1권은 B5판(4×6배판) 600면에 묵직한 서책이었고,

특가 1,200원이었다.

우여곡절 끝에 『조선말 큰사전』 제1권이 세상에 나왔지만, 다음 권을 내기가 쉽지 않았다. 이러한 사정을 알게 된 문교부 편수국의 폴 앤더슨Paul S. Anderson 대위가 미국의 록펠러재단을 연결해주었고, 록펠러재단은 나머지 전 5권의 제작비로 4만 5천 달러 상당을 지원했다. 그렇게 해서 1949년 5월 5일에 『조선말 큰사전』 제2권이 출간되었다. 사전 출판에 박차를 가하던 학회는 1950년 6월 1일에 제3권을 제본하고 제4권을 조판하고 있었는데, 한국전쟁이 발발했다. 작업이 중단되었고 난리통에 영등포 미곡 창고에 보관해둔 사전 편찬 물자를 모두 잃어버렸다.

9월 28일 서울이 수복되자 뿔뿔이 흩어졌던 편찬원들이 하나둘 귀환했다. 다시 찾은 서울은 전쟁의 상흔으로 만신창이가 되어 있었지만, 불행 중 다행으로 화동 옛 회관에 보관했던 원고는 무사했다. 학회는 만일의 사태에 대비해 원고를 베끼기 시작해 한 달 만에 완성했고, 베낀 원고 한 벌은 독에 담아 혜화동 최현배 집 땅에 묻었다. 1·4후퇴 때 다시 피난을 떠나게 되자, 원본은 1947년 3월부터 편찬원으로 일하던 유제한의 천안 고향 집에 보관했다.

전쟁으로 세상은 어수선했지만, 조선어학회는 제4권을 출간하기 위해 서둘렀다. 최현배의 결단에 따라 1952년 5월 정태진과 유제한은 피난지 부산을 떠났고, 먼저 천안에 들러 유제한이 감춰둔 원고를 찾아 귀경했다. 두 사람은 조판소인 서울신문사 공장 안에 방 한 칸을 얻어 편찬실을 차리고, 『큰사전』 제4권의 교정에 들어갔다. 원고를 정리하는 데 참고할 책도 없었고, 의논할 편찬원도 없었다. 그러나 두 사람은 포기하지 않았다. 난관에 부딪힐 때마다 서로 이마를 맞대고 문제를 풀어 나갔다. 4개월여 동안 구슬땀을 쏟은 덕분에 교정을 마치고 지형을 뜰 수 있었다.

오롯이 두 사람의 손으로 일궈낸 성과였다. 잔잔한 바다에서는 사공이 나지 않듯이 인간은 시련과 고난을 겪으며 성장하고, 때로 역경에서 초인적인 능력을 발휘한다. 비로소 한숨 돌릴 수 있는 여유가 찾아왔다. 11월 2일 정태진은 쌀을 구하러 고향 파주로 향했다. 전쟁 중이라 기차는 다니지 않았다. 정태진은 서대문에서 북쪽으로 가는 군용 트럭을 얻어 탔다. 덜컹거리는 트럭이 파주 가까이 다다랐을 때, 언덕길을 내려가던 트럭이 기우뚱하는가 싶더니 순식간에 논바닥 아래로 굴러 떨어졌다.

악랄한 일제의 마수에 걸려 조선어학회사건을 겪고 수많은 생명이 꺼져간 전쟁통에서도 목숨을 부지했는데, 이것이 정태진의 마지막 모습이 될 줄 누가 상상이나 했을까? 정태진은 사전 편찬원으로 10년을 하루같이 헌신했다. 끔찍한 옥살이를 경험했고, 해방 후에는 출세, 권력, 돈 등 온갖 유혹을 물리치고 오직 한길만을 걸었다. 인명은 재천이라고도 하고 운명의 지도는 날 때부터 그려져 있다고도 하지만, 도대체 누가 이런 일을 계획하고 결정한단 말인가?

정태진의 갑작스러운 죽음은 참으로 원통하고 애석한 일이었다. 허망한 교통사고로 소중한 편찬원을 잃은 학회는 망연자실했다. 게다가 전쟁의 포성이 멎지 않아 편찬 사업은 자꾸 지연되고 있었다. '사전 하나 만드는 것이 이토록 힘든 일이란 말인가?' 그러나 학회는 꾸물거릴 시간이 없었다. 1953년 1월 7일 전라북도 전주에 편찬실을 차렸고, 정인승과 권승욱은 고인이 된 정태진이 남기고 간 원고를 눈물로 넘기며 되짚고 뜯고 고치고 수정하고 다듬었다.

1953년 7월 27일 정전협정으로 포성은 멎었다. 그런데 전혀 예상치 못했던 복병이 등장했다. 조선어학회는 1953년 4월 27일 총리 훈령으로 발단이 된 한글맞춤법간소화파동으로 인해 또 한 차례 발목을 잡혔다. '통일안 맞춤법이 어려우니 옛날 성경식 철자법으로 바꾸라'는 이승만 대통령의 지시가 촉발한 사건이었다. 세 번째 난관이었다. 철자법이 개정되면 그동안의 노력이 모두 수포로 돌아가니, 학회로서는 또 하나의 시험이자 시련이었다. 사전 편찬은 중단되었다.

이승만 대통령의 맞춤법 간소화 지시에 전 사회가 반대했지만, 대통령은 고집불통이었다. 학회는 간소화 반대 운동을 전개하면서 사전 편찬의 길을 모색했지만, 이렇다 할 진전 없이 해가 바뀌었다. 사전을 만들기 위해서는 간소화 문제를 먼저 해결해야 했다. 학회는 여러 경로를 통해 대통령에게 『큰사전』문제를 진정했다. 출판을 맡고 있던 을유문화사의 정진숙 사장이 대통령 비서들을 만났고, 고등학교 선배인 이선근 문교부장관도 만났다.

학회 또한 이선근 장관과 면담했고, 대통령 측근인 표양문 의원을 통해 어려움을 호소했다. 마침 한국을 방문한 미국 예일대학의 새뮤얼 마틴

Samuel E. Martin 교수가 대통령을 만나 '통일안 철자법이 합리적'이라는 의견을 제시했고, 최현배도 대통령을 만나 간곡히 진언했다. 『큰사전』 속간이라는 역사적 소명을 다하기 위해 학회는 최선을 다했고, 1955년 9월 19일 이승만 대통령은 '한글 문제에 관하여'라는 담화를 통해 간소화 철회 의사를 밝혔다.

> 지금 와서 보니 국문을 어렵게 복잡하게 쓰는 것이 벌써 습관이 돼서 고치기가 대단히 어려운 모양이며 또한 여러 사람들이 이것을 그양 쓰고 있는 것을 보면 무슨 조흔점도 잇기에 그럴 것이므로 지금 여러 가지 밧쁜 때에 이것을 가지고 이 이상 더 문제 삼지 안켓고 민중들의 원하는 대로 하도록 자유에 붓치고자 하는 바이다.[25]

한글맞춤법간소화파동은 해소되었다. 무려 2년 반이란 금쪽같은 시간이 흘러갔다. 학회는 전열을 가다듬었고, 『큰사전』 간행 사업은 다시금 활기를 띠었다. 록펠러재단의 재원조가 확정되었고, 1956년 4월 1일 인쇄 물자가 도착했다. 학회는 종로 관훈동에 임시로 얻은 셋방에 편찬실을 차리고 업무를 재개했다. 정인승이 주무를, 권승욱·이강로 등이 편찬을, 한종수·이승화 등이 교정을 맡았고, 정재도는 편찬과 교정 양쪽에 모두 참여했다.

1957년 한글학회는 오랫동안 절판되었던 1, 2, 3권을 먼저 순차로 찍고 이어서 4권과 5권을 찍은 뒤, 드디어 한글날인 10월 9일에 맞춰 부록까지 전체 6권을 펴냄으로써 『큰사전』 완간의 위업을 이루었다. 『큰사전』은 본문 3,558쪽(+찾기 114쪽)에 총 어휘 수 16만 4,125개에 이르는 방대한 사전으로 순우리말 7만 4,612개(45.5퍼센트), 한자말 8만 5,527개(52.1퍼센트), 외래어 3,986개(2.4퍼센트)가 실렸다. 사전 편찬원으로서 헌신했던 이강로는 완성된 『큰사전』을 가리켜 '애국심의 혼화요, 피의 결정이요, 고난의 알맹이'라고 했으며, 《경향신문》은 『큰사전』 완간의 의미를 다음과 같이 썼다.

우리말 「큰사전」 여섯 권의 출판이 완료되었다는 것은 한국 문화사상의 획기적인 대사건으로서 후대에까지 기념할 만하다. 세종대왕이 정음을 제정반포한 지 만 510년 만에 순전히 우리글로 우리말을 해석한 사전이 완성된 것이다.[26]

언론의 보도처럼 『큰사전』 완간은 한국 문화사상 획기적인 대사건이었다. 자기 나라 말을 풀이한 사전 한 권조차 없다는 문화적 수치를 씻고 민족갱생의 첩경을 닦고자 1929년 사전 편찬에 착수한 지 무려 28년 만에 온갖 시련과 난관을 극복하고 이룬 감격적인 쾌거였다. 19~20세기 초 외국인에 의해 만들어진 사전들은 외국어를 조선어로 설명하거나 조선어를 외국어로 설명한 대역사전이었다.[27]

『큰사전』은 우리말을 우리말로 풀이한 본격적인 조선어사전이었고, 일제의 조선어 억압 정책에 맞서 조선어를 수호하고 보전하고자 한 민족정

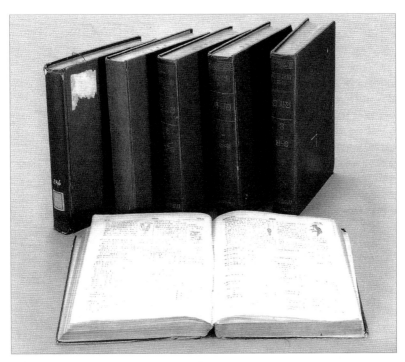

1929년부터 1957년까지 28년 『큰사전』 편찬의 역사는 일제강점기와 해방, 한국전쟁 등 파란과 격동, 부침의 한국 근현대사를 고스란히 품고 있다. (한글학회 제공)

신의 산물이었다. 『큰사전』은 우리 언어문화의 결정이자 과학적 체계를 갖춘 근대어의 탄생을 의미했다. 『큰사전』 간행 사업은 학회 학자들뿐만 아니라 좌우를 망라한 민족지사들이 함께 참여한 민족 공동의 사업이었고 온 조선인들의 염원이 담긴 민족의 숙원 사업이었다는 점에서 민족운동사에 길이 빛날 기념비적인 사건이었다.

1929년부터 1957년까지 28년 동안 『큰사전』은 세 번의 시련을 겪었다. 조선어학회사건, 한국전쟁, 그리고 한글맞춤법간소화파동이었다. 이윤재와 한징이 조선어학회사건으로 옥사했으며, 이중화와 정태진이 한국전쟁 중에 목숨을 잃었다. 한글맞춤법간소화파동의 고비를 넘지 못했다면, 그리고 정인승을 비롯한 권승욱, 이강로, 유제한, 김민수, 정재도 등 사전 편찬원들의 헌신과 이우식을 비롯해 김양수, 장현식, 김도연, 신윤국, 이인, 서민호, 김종철, 민영욱, 임혁규, 정세권, 장세형, 공병우 등의 후원과 을유문화사, 박문, 협진, 서울신문, 선미인쇄소, 록펠러재단 등의 협력이 없었다면 『큰사전』은 세상의 빛을 볼 수 없었을 것이다.[28]

전 6권으로 완간된 『큰사전』 1권과 2권은 『조선말 큰사전』으로, 1950년 6월 1일에 출간된 3권부터는 '조선말'을 떼고 『큰사전』으로 출판되었다. 조선어학회가 한글학회로 이름을 바꾸어야 했듯이 남북 분단으로 인해 사전 이름에서도 '조선'을 떼어야 했다. 남북 분단은 민족의 운명과 한반도 곳곳에 깊은 상처를 남겼을 뿐만 아니라 『큰사전』 이름에도 분단의 아픔을 깊게 새겼다.

만약 우리에게
조선어학회가 없었다면

조선어학회사건에 관한 자료는 대부분 소실됐다. 경찰 수사 자료도 없고, 1심 판결문도 없다. 이인 변호사가 많은 자료를 보관하고 있었지만, 한국전쟁 때 사라졌다. 남아 있는 재판 자료는 예심종결결정서가 유일하다. 그래서 예심 이후 1심과 고등법원 최종 판결에 이르는 상황은 관련자들의 기억에 의존해 복원되었다. 같은 경험을 했음에도 조금씩 차이가 있어서 혼선을 빚었다.

조선어학회사건 관련자들이 검거된 날짜나 수사 진행 절차 등도 자료에 따라 조금씩 차이가 나는데, 정확히 파악할 방법이 없다. 조선어학회사건의 발단이 된 일기를 쓴 여학생 박영희의 이름이 오랫동안 '박영옥'으로 알려진 것도 그중 하나다. 자신의 일기 때문에 사건이 일어났다고 느꼈을 때,

박영희가 감당해야 할 고통을 조금이나마 덜어주기 위해 의도적으로 가명을 사용했을 거라 추측한다.

1982년 9월 3일 《동아일보》가 부산지검 문서 보관 창고에 있던 조선어학회사건 고등법원 최종 판결문을 발굴 보도했다. 1심 공판이 어떻게 진행되었는지 알 수 없지만, 최종 판결에 실린 변론과 고등법원의 판결을 확인할 수 있다. 변론의 목적은 피고인의 무죄를 주장하는 것이다. 검사는 유죄를 주장하고, 판사는 모든 것을 검토하여 판결한다. 고등법원 최종 판결은 피고인과 검사의 상고를 모두 기각했다. 1심 판결의 정당성을 앵무새처럼 되풀이하고 있을 뿐이다. 패전을 눈앞에 둔 일제의 사법기관이 제대로 사건을 처리했으리라 기대하는 것은 무리일 것이다.

그럼에도 최종 판결을 찬찬히 살펴보면 1심에서 어떤 부분이 중요하게 심리되었는지 정도는 파악할 수 있다. 그동안 이희승은 1심에서 2년 6개월의 실형을 선고받은 것으로 알려졌지만, 최종 판결문에는 3년 6개월로 되어 있다. 물론 최종 판결문에서 잘못 기록되었을 가능성도 배제할 수는 없다. 2년 6개월이든 3년 6개월이든 조선총독부 사법기관이 한글학자들을 어떤 식으로 처벌했는지는 분명히 파악할 수 있다. 최종 판결문에 담긴 내용을 일목요연하게 들여다보기 위해 표 안에 그러모아보았다.

	조선어학회는 독립운동 단체인가
변론	어문운동은 어문을 정리 통일하는 것이고 순문학적 교화 운동으로서 정치적 운동이 아니다. 사전 편찬 자체가 조선 독립의 목적 수행 행위는 아니다. 피고인들이 내심 독립을 희망하고 있다고 해도 조선어학회가 조선 독립을 목적으로 조직된 결사라고 볼 수 없다.
판결	어문운동은 표면상 합법적 문화 운동이나 이면에서 조선 독립의 목적을 가진 비합법 운동이다.
	사전 편찬 의도
변론	조선어학회는 학자들의 문학 관계 사업 단체로 민족주의 단체로서의 존재는 인정되지 않는다. 사전 편찬 사업은 조선어의 학문적 연구 사업이지 조선인들 사이에 민족 독립운동으로 인식된 사실이 없다.
판결	조선어학회는 민족주의 진영에서 불발의 지위를 차지하고 있으며, 사전 편찬 사업은 민족적 대사업으로 촉망받고 있었다.
	단어 주석에 대한 평가
변론	15개 단어에 대한 주석만 가지고 정치적 독립을 기도했다고 볼 수 없다. 단순한 자구의 주석은 사상의 표현이 아니다. 총독부가 편찬한 조선어사전에도 '태극기'란 어휘가 있다.
판결	불온한 주석은 불온성의 한 단면이다.
	조선기념도서출판관
변론	도서의 출판을 위해 재원을 마련한 것이고, 출판물은 합법적으로 간행되었다.
판결	합법적 문화 운동 뒤에 숨어 조선 독립을 목적으로 하는 결사를 조직하여 그 목적 수행을 위해 활동하며, 그 목적의 실행에 대해 협의했다.

	피고인들의 개별 활동과 조선어학회 활동의 관련성 여부
변론	피고인들이 내심 독립을 열망하고 있다고 해도 조선어학회가 조선 독립을 목적으로 조직된 결사라고 할 수 없다.
판결	피고인 4인은 모두 조선 독립을 열망하는 민족주의자다.

	이극로의 독립운동 행적과 조선어학회 관련성 여부
변론	이극로는 예심정에서 조선 독립사상을 완전히 청산하고, 사전 편찬과 조선어문 통일이란 순문화 운동에 전념했다고 공술했다.
판결	이극로는 어문운동을 통해 조선 민중의 민족의식을 앙양하고 독립운동 세력을 양성하고자 했다.

	최현배, 이희승, 정인승의 의도에 대한 평가
변론	최현배, 이희승, 정인승은 이극로와 달리 학자로서 본분을 다했다.
판결	최현배는 한일병합 당시부터 불만을 품었고, 민족주의자 주시경을 사사하며 감화받았으며, 1926년 「민족갱생의 도」라는 민족주의적 논문을 발표하여 조선 민족을 갱생시키려 했다. 1927년경부터 흥업구락부에 가입하여 활동하다가 1938년 9월 치안유지법 위반으로 기소유예 처분을 받고 보호관찰 처분에 처해졌음에도 조선 독립을 열망했다. 이희승은 조선독립만세 소요사건 당시 자극을 받고 민족의식을 갖게 되어, 경성제국대학 재학 시에도 독립을 열망했다. 정인승은 연희전문학교 졸업 후 10년간 전북 고창고등보통학교 교원으로 있던 자로 조선독립만세 소요사건으로 자극을 받아 조선의 독립을 희망해왔다.

	사법경찰관 및 검사 앞에서 진술한 자백은 사실인가
변론	경찰과 검찰에서 엄중한 취조로 인한 허위 자백을 증거로 범죄 사실을 인정한 것은 잘못이다.
판결	경찰과 검찰 앞에서 한 공술이 허위라는 주장을 인정할 근거가 없다.

치안유지법을 적용할 수 있나

변론	이들의 활동이 조선 독립에 간접적으로 기여할 수도 있다는 정도의 소극적인 추정을 가지고 조선 독립의 목적을 가진 활동으로 인정할 수 없다.
판결	소극적 간접적 문화 운동이라 해도 단체변혁의 수단이 될 수 있는 것은 본디 적법행위라 해도 위법 목적과 결합함으로써 위법행위가 된다.

사전 편찬이 국체변혁의 수단이 될 수 있나

변론	사전 편찬은 합법적 행위다. 사전 편찬으로 어떻게 독립을 달성할 수 있나?
판결	국체변혁의 목적을 가지고 그 실현 수단으로 사전 편찬, 기타 문화 운동을 한 것으로 봐야 한다. 행위 자체는 위법이 아니라 해도 위법적 목적과 결합하면 범죄가 성립할 수 있다. 가옥을 빌리는 것이나 도검을 사는 것이 위법은 아니지만, 국체변혁을 위한 본거를 마련하거나 사람을 살해할 목적으로 칼을 샀다면 각각 치안유지법 위반죄 또는 살인예비죄를 구성한다.

수양동우회사건을 판례로 무죄가 될 수 있나

변론	수양동우회사건은 공정한 재판에 의해 무죄가 확정되었다.
판결	피고인들의 행위가 국체변혁의 실행으로 보이는 것이 없다 해도 국체변혁의 위험이 있는 이상, 치안유지법 위반으로 보는 것이 당연하다. 이 같은 행위가 민족의식을 앙양하고 독립의 기운을 양성하여 독립의 위험을 생기게 한다는 것이 원심 판결의 취지다.

정상을 참작할 수 있나

변론	피고인들은 원심 공판정에서 민족의식을 청산하고 충량한 신민이 되었다고 공술했다.
판결	공판정에서는 그랬더라도 여전히 가슴속 깊이 농후한 민족의식을 품고 있다. 본 건 범행은 실로 악질이어서 정상참작을 할 수 없으며, 10여 년 장기간에 걸쳐 일반 사회에 극히 심대한 악영향을 끼친 것이기 때문에 악화의 경향이 엿보이는 반도의 사상 정세에 비추어 일반 타계의 의미에서도 엄벌에 처할 필요가 있다.

조선어학회는 사전을 편찬하던 중 일경에 검거되었다. 경찰의 고문에 못 이겨 민족운동 단체이며, 독립운동을 해왔다고 허위 진술했다. 그러나 재판에서는 진술을 번복하여 피고인들과 변호인들은 독립운동이 아닌 어문운동·문화 운동이라 주장했다. 그러나 조선총독부 사법부는 어문운동·문화 운동을 독립운동으로 규정했다. 피고인들이 독립운동 단체가 아니라고 주장한 것은 사전 편찬, 잡지 『한글』 발행 등 단체의 활동을 지키기 위해 신사참배에 동원되거나 출판법에 따라 『한글』에 황국신민서사를 게재한 것과 마찬가지로 일제의 탄압을 피하기 위한 고육지책이었다.

1936년 10월 28일 한글날 『사정한 조선어 표준말 모음』의 출간을 축하하는 안창호의 연설이 문제가 되었을 때, 이튿날 경찰서에 불려간 이극로는 '학회가 하는 일은 다른 나라 학자들과 마찬가지로 학문 연구일 뿐'이라고 진술했다. 검거 당시에 이극로는 이석린에게 '목구멍이 포도청이라 사전 만드는 일을 해왔다'고 말하라고 당부했다. '학술 활동 강조' '사전 편찬은 생계형 사업 강조'가 조선총독부의 감시와 통제, 수사망을 피하기 위한 학회의 방침이었다.

1930년대 후반에 들어서면서 저명인사들이 식민 지배에 협력했다. 1938년 2월에 발생한 흥업구락부사건에서 조선총독부는 관련자 54인을 회유하여 전원에게 사상전향서를 받은 후 기소유예 처분했다. 1941년 수양동우회사건 피의자들이 전원 무죄 판결을 받은 이면에도 조선총독부의 회유와 포섭의 전략이 깔려 있었다. 두 사건 이후 이광수, 주요한, 윤치호,

신흥우, 정춘수 등은 변절했다. 김윤경, 이윤재, 안재홍, 이만규, 최현배, 신윤국 등은 지조를 지켰고, 얼마 지나지 않아 조선어학회사건이 터졌다.[1]

누군가는 '일제하를 살아보지 않고 친일 문제를 함부로 얘기하지 말라'고 말한다. 그러나 분명한 것은 일제에 협력한 친일파, 변절자, 민족 반역자 등은 잘 먹고 잘 살았고, 항일지사, 독립운동가, 절개를 지킨 민족지사 등은 탄압받았고 목숨을 잃었거나 다행히 살아남았더라도 온갖 고초를 겪었다는 것이다.

1937년 7월 7일 일본은 중국을 침략했다. 1941년 12월 8일 진주만을 공격해 태평양전쟁을 일으켰고, 전쟁 초기 미국에 궤멸적인 타격을 입히면서 승승장구했다. 1942년 1월 필리핀 마닐라 점령, 2월에는 싱가포르를 함락시켰다. 이후 말레이시아, 인도네시아, 베트남 등 동남아시아 국가들을 두루 점령하면서 대동아 건설을 실현하려 했다.

일본은 기세등등했고, 식민지 조선은 병참기지로 전락했으며 독립은 요원했다. 총동원 체제에 들어서면서 조선인들의 민족해방운동은 계몽 단체든 비밀결사든 더는 활동이 불가능한 지경에 이르렀다. 1942년 10월 1일, 조선어학회사건이 발생하기까지 활동을 계속할 수 있었던 것은 조선어학회가 정치성을 배제하고 오로지 학술 단체로서만 활동했기 때문이다.

그러나 완벽한 동화의 실현을 위한 조선어 말살이라는 극한 상황에서 조선어학회도 더는 일제의 탄압을 피할 수 없었다. 누군가는 조선어학회 피고인들에게서 거사 이후에도 당당했던 안중근이나 이봉창, 윤봉길의 모습을 기대할지도 모른다. 그러나 현행범으로 체포된 세 명의 의사와 조선어학회사건 피의자들이 부딪힌 상황은 전혀 달랐다. 그들은 사명을 완수했고, 조선어학회의 사명은 현재 진행형이었다. 조선어학회 활동이 심모원려를 품은 독립운동이었음을 인정하는 순간, 10년이 넘도록 헌신해온 일들이 물거품이 되어 사라질 터였다.

'만약 우리가 독립운동을 했다고 하면 유죄 판결을 피할 수 없다. 더 이상 사전도 만들 수 없고, 가슴 깊이 품어온 조선 독립의 꿈도 사라진다.'

이들이 선택할 수 있는 유일한 길은 학술 운동임을 주장해서 유죄 판결을 피하는 것이었다. 실제로 이들은 수양동우회사건 피의자들과 같은 방식으로 수사와 재판에 응했다. 경찰의 고문에 굴복해 '독립운동을 했다'고 자백(?)했지만, 재판에 가서는 진술을 뒤집었고, 학회의 모든 활동은 학술 운동이자 문화 운동, 생업 종사임을 강조했다.

식민통치하에서 가까스로 단체를 유지하며 잡지 『한글』을 발행했듯이 사전 편찬을 통해 민족어를 지키고 독립의 씨앗을 뿌리겠다는 열망을 거둘 수 없었기에, '독립운동이 아니었다'고 혐의를 부인했다. 고등법원 판결문에 기록된 '조선 독립사상은 완전히 청산하고, 학자로서 사전 편찬 사업에 전념하기로 마음먹었다'라는 이극로의 진술도 본심은 아니었다. 일제의 올가미를 벗는 것이 민족과 언어를 지킬 수 있는 유일한 선택지였다. 이극로는 생각했을 것이다.

'한시라도 빨리 이곳에서 벗어나 일상으로 돌아가야 한다. 자유의 몸이

되어 학회를 재건하고 사전 편찬을 계속해야 한다!'

학회는 어문운동을 통해 조선의 독립을 꿈꾸었다. 학술 단체였기에 사전을 편찬하고 민족어 3대 규범을 마련하고, 잡지 『한글』을 발행하면서도 일제의 탄압을 피할 수 있었다. 그러나 전쟁이 장기화되는 국면에서 일본은 다급했다. 완벽한 동화의 실현을 위해 조선적인 것은 모조리 박멸해야 하는 상황에서 조선 민족의 정수인 조선어를 지키는 학회를 일망타진하고자 했다. 사전 편찬은 중단되었고, 잡지 『한글』도 발행할 수 없었다. 수난자들은 고문과 불법적인 사법행정으로 2년 넘게 생지옥을 경험해야 했다.

해방 후 1948년 정부를 수립하기까지 숱한 정치적·사회적 혼란을 겪었다. 미군정이 설치되었고, 반탁운동의 소용돌이 속에서 좌우의 분열과 대립은 피차간에 크나큰 희생을 불렀다. 송진우, 장덕수, 여운형 등 거물 정치인들이 암살자의 총탄에 스러졌고, 통일민족국가 건설의 꿈은 좌절되었다. 분단 정부 수립 이후에는 대한민국 임시정부를 이끌었던 김구마저 암살당했다. 경제는 어려웠고, 이념 대립과 정치 투쟁으로 얼룩진 혼돈의 시대였다.

조선어학회가 살아 돌아오지 못했다면 어떤 일이 일어났을까? 일제강점기 조선어는 위기에 처했다. 완벽한 동화를 위해 조선어는 사라져야 했다. 독립은 요원해 보였지만, 학회는 조선어를 지키려 노력했다. 사라질 수도 있는, 그래서 미래가 없는 조선어를 연구하며 민족어 3대 규범을 제정했다. 암흑 같은 고난의 시기에 학회의 헌신적인 노력과 활동에 의해 근대적 체계를 갖춘 조선어는 해방 후 빛을 발했다.

『한글 첫 걸음』은 35년간 가나문자에 신음하던 한글을 빠른 시간 안에 살려냈다. 한글 강습회는 많은 조선인들을 문맹으로부터 구원했고, 식민 교육을 받은 조선인 교사들에 대한 재교육을 통해 조선 교육의 씨앗을 뿌렸다. 우리말 도로 찾기로 민족어를 회복했고, 28년 만에『큰사전』을 완성했으며, 한글전용운동을 추진해 한글 시대의 문을 열었다.

21세기는 20세기와 아주 다른 세상이 되었다. 대한민국은 민주공화국이고 자주독립국이다. 해방 후 지구상에서 가장 가난한 지역 중 하나였지만 이제는 다른 나라를 돕는 나라가 되었다. 촛불시민혁명은 대한민국 민주주의의 발전을 상징한다. 정치·경제적 기회와 분배의 평등도 성장하고 있다. 2020년 현재 코로나로 전 세계가 홍역을 앓고 있지만, 대한민국은 선진적인 의료 체계와 수준 높은 시민 의식으로 대응하고 있다.

오늘 우리가 누리는 모든 것은 앞서간 이들의 헌신과 희생의 결과다. 지금은 주권을 되찾기 위해 총을 들 일도 사전 만들다가 감옥 갈 일도 없다. 하지만 언어의 분단을 막기 위해 북으로 간 이극로의 꿈은 아직 실현되지 않았으니, 남북이 머리를 맞대고 해법을 찾아야 한다. 지금도 한글학회는 『한글』과『한글새소식』등을 발행하고 있고, 국외에서 활동하는 한국어 교사의 교육과 지원, 한글날 국경일 제정 등 연구·운동·교육 분야에서 줄기찬 활동을 전개하고 있다.

사람들은 저마다 자신의 분야에서 좋아하는 일, 하고 싶은 일을 하고, 지키고 싶은 무언가를 지키기 위해 노력하며 살아간다. 찬찬히 둘러보면 어느 분야든 좀더 개선되고 바뀌어야 할 것들이 있을 것이다. 사회 전 분야에서 개선과 개혁을 요구하는 많은 것들이 누군가의 관심과 사랑, 재능과 열정, 책임과 헌신을 기다리고 있다. 자신의 자리에서 세상을 널리 이롭게 하는 것이 무엇보다 중요하지만, 우리말글은 너나없이 우리 모두 함께 지키고 가꾸고 키워 나가야 한다. 일제가 우리말글을 없애려고 할 때 한글은 목숨이었고, 지금 우리에게 한글은 희망이다.

대일본 황국신민으로서 조선말은 무엇 때문에 연구하며, 조선글은 무엇 때문에 연구하느냐? 철자법은 통일해서 무엇을 하며, 표준어는 사정하여 무엇에 쓰자는 것이냐? 한글 잡지는 무슨 목적으로 만들어 내며, 조선말 사전은 무슨 필요로 만들자는 것이냐? 한글날은 무슨 뜻으로 기념하며, 한글 노래는 무슨 의도로 지어냈느냐? 여름마다 각지로 다니면서 한글 강습은 왜 하는 것이며, 틈틈이 기회만 있으면 학술 강연을 빙자 삼아 눈가림의 집회는 왜 자꾸 하려 하느냐? 신문 잡지에 이러이러한 글은 무슨 의도에서 써냈으며, 사전 원고에 이러이러한 문구는 고의적인 민족사상의 고취가 아니냐?[2]

– 조선어학회를 취조한 일제 고문 경찰들

1장 │ 나라말이 사라졌다

1   김윤경 편, 『주시경 선생 전기』, 한글학회, 1960.

2   『세종실록』 114권, 세종 28년 12월 26일 기미 3번째 기사.

3   『세조실록』 20권, 세조 6년 9월 17일 경인 2번째 기사.

4   김선기, 「서포 김만중의 우리말 시가 옹호론」, 『한국언어문학』 43, 한국언어문학회, 1999.

5   김슬옹, 『조선시대의 훈민정음 발달사』, 역락, 2012, 306~307쪽.

6   김슬옹, 『조선시대의 훈민정음 발달사』, 역락, 2012, 309~346쪽.

7   전민호, 「개화기 교육수단으로서의 국문 및 국한문혼용 정착에 관한 연구」, 『한국교육사학』 34-2, 한국교육사학회, 2012, 102쪽.

8   유길준, 허경진 역, 『서유견문』, 서해문집, 2004, 25~26쪽.

9   최덕수 편, 『유길준의 知-人, 상상과 경험의 근대』, 고려대학교 출판문화원, 2018, 283쪽.

10 고영근, 「개화기의 한국 어문운동: 국한문혼용론과 한글전용론을 중심으로」, 『관악어문연구』 25, 서울대학교 국어국문학과, 2000, 6~12쪽.

11 이석원,「18~19세기 천주교 서적의 언해: 언해 주체와 대상 서적」,『한국사상사학』 60, 한국사상사학회, 2018, 166~172쪽.

12 조영주,「東學의 창도목적과『룡담유사』창작의도」,『동아시아고대학』34, 동아시아 고대학회, 2014, 210~225쪽.

13 『고종실록』32권, 고종 31년 11월 21일 계사 2번째 기사.

14 《황성신문》, 1908년 6월 10일.

15 최덕수 편,『유길준의 知-人, 상상과 경험의 근대』, 고려대학교 출판문화원, 2018, 283쪽.

16 《독립신문》창간호, 1896년 4월 7일.

17 신용하,「독립협회의 사회사상」,『한국사연구』9-9, 한국사연구회, 1973 ; 신용하, 「《독립신문》과 국문 동식회」,『한힌샘주시경연구』9, 한글학회, 1996 ; 신용하,「주 시경의 애국계몽운동」,『한국사회학연구』1, 서울대학교 사회학연구회, 1977 ; 한국 어문교육연구회,『한자교육과 한자정책에 대한 연구』, 역락, 2005, 74~80쪽.

18 시정곤·최경봉,『한글과 과학문명』, 들녘, 2018, 310쪽.

19 김유원,『100년 뒤에 다시 읽는 독립신문』, 경인문화사, 1999, 217~607쪽.

20 《독립신문》, 1897년 4월 22~24일 ;《독립신문》, 1897년 9월 25~28일.

21 〈필상자국문언〉,《황성신문》, 1907년 4월 2일.

22 〈을사늑약에 비분 자결한 민영환 선생 한글 유서 발견〉,《천지일보》, 2020년 2월 26 일.

23 박진수,「韓國의 漢文廢止, 論爭의 史的 考察」,『동방한문학』47, 동방한문학회, 2011, 180~188쪽.

24 하타노 세츠코, 최주한 역,『이광수, 일본을 만나다』, 푸른역사, 2016, 47~50쪽.

25 김성준,『일제강점기 조선어 교육과 조선어 말살정책 연구』, 경인문화사, 2010, 123 쪽.

26 허재영, 『조선 교육령과 교육 정책 변화 자료』, 경진, 2011, 11·23·32·41쪽.

27 배경식, 『식민지 청년 이봉창의 고백』, 휴머니스트, 2015, 40~119쪽.

28 서울특별시시사편찬위원회 편, 『서울 사람이 겪은 해방과 전쟁』, 서울특별시시사편 찬위원회, 2011, 27~29쪽.

29 임형택·한기형·류준필·이혜령 편, 『흔들리는 언어들』, 성균관대학교 대동문화연구 원, 2008, 591~593쪽.

30 〈필상자국문언〉, 《황성신문》, 1907년 4월 2일.

31 최현배, '나의 존경하는 교육자 주시경 스승', 「나라건지는 교육」, 『나라사랑』 4, 외솔 회, 1971, 178~179쪽.

32 〈국문론(2)〉, 《독립신문》, 1897년 9월 25일.

33 김윤경 편, 『주시경 선생 전기』, 한글학회, 1960.

34 이병근, 「最初의 國語辭典 「말모이」(稿本) 《알기》를 중심으로」, 『주시경 선생에 대 한 연구 논문 모음(2)』, 한글학회, 1987.

35 최현배, 「나의 걸어온 학문의 길」, 『사상계』, 사상계사, 1955년 6월호.

36 한글학회, 『한글학회 100년사』, 한글학회, 2009, 30~38쪽 ; 정재환, 『한글의 시대 를 열다』, 경인문화사, 2013, 227~233쪽.

37 동인지 『한글』 창간호, 1927, 1쪽.

2장 │ 언어와 겨레의 운명은 하나! 나라말을 지켜라

1 심지연, 『김두봉』, 동아일보사, 1992, 27~28쪽.

2 최경봉, 『우리말의 탄생』, 책과함께, 2005, 131~148쪽.

3 이극로, 『고투 40년』, 범우, 2008, 29~30쪽.

4 이극로, 『고투 40년』, 범우, 2008, 55~95쪽 ; 〈玉에서 틔 골르기〉, 《조선일보》, 1937

년 1월 1일.

5 〈사회각계유지망라 조선어사전편찬회〉,《동아일보》, 1929년 11월 2일.

6 『한글』31, 조선어학회, 1936, 7~8쪽.

7 한글학회, 『한글학회 100년사』, 한글학회, 2009, 527~531쪽.

8 박용규 외, 『남저 이우식의 민족 독립운동』, 의령문화원, 2017.

9 정해동, 「선친과 그 주변 사람들을 생각하며」, 『애산학보』32, 애산학회, 2006, 172~173쪽.

10 〈육류가 폭등〉,《동아일보》, 1934년 5월 2일 ; 〈소 한 마리가 경차 한 대 값〉,《옥천향수신문》, 2016년 5월 26일.

11 〈물가억제와 금융통제로 주택, 토지시세 저조〉,《동아일보》, 1940년 6월 6일.

12 한글학회, 『한글학회 100년사』, 한글학회, 2009, 532쪽.

13 한글학회, 『한글학회 100년사』, 한글학회, 2009, 370~382쪽.

14 〈철자법통일안 반포까지의 경과〉,《동아일보》, 1933년 10월 29일.

15 홍윤표, 『한글 이야기(1)』, 태학사, 2013, 115~117쪽.

16 〈나는 개새끼요〉,《동아일보》, 1936년 8월 4일.

17 형진의, 「近代日本の言語規範と言語認識」, 『비교일본학』37, 한양대학교 일본학국제비교연구소, 2016, 340쪽.

18 최현배, 「중등 조선말본 길잡이(2)」, 『한글』13, 조선어학회, 1934, 44~45쪽.

19 조선어학회, 『사정한 조선어 표준말 모음』, 조선어학회, 1936 ; 이윤재, 「사정한 조선어 표준말 모음의 내용」, 『한글』40, 조선어학회, 1936.

20 이석린, 「화동 시절의 이런 일 저런 일」, 『얼음장 밑에서도 물은 흘러』, 한글학회, 1993, 23~24쪽 ; 한말연구학회 편, 『건재 정인승 전집(6): 국어운동사』, 박이정, 1997, 13~14쪽 ; 한글학회, 『한글학회 100년사』, 한글학회, 2009, 477~481쪽.

21 〈관극잡감(2) 토월회 공연을 보고〉,《동아일보》, 1928년 10월 7일.

22 〈스케취 춘일가상소견 7 『모던뽀이』『모던껄』〉,《동아일보》, 1928년 4월 19일.

23 김영철, 『영어, 조선을 깨우다(2)』, 일리, 2011, 212~215쪽.

24 강준만·오두진, 『고종 스타벅스에 가다』, 인물과사상사, 2005, 26~29쪽.

25 한글학회, 『한글학회 100년사』, 한글학회, 2009, 527~531쪽.

26 『신민』 23, 신민사, 1927.

27 서울역사편찬원, 『식민도시 경성, 차별에서 파괴까지』, 서울책방, 2020, 90~92쪽.

28 정세권, 「큰사전 완성을 축하함」, 『한글』 122, 한글학회, 1957, 481쪽.

29 이극로, 「조선어학회의 발전」, 『한글』 25, 조선어학회, 1935.

30 김공순, 「이극로 씨 고고한 학자생활: 청춘과 연애도 모르시는 듯」, 『삼천리』, 삼천리
사, 1940년 6월호, 145쪽.

31 이종무, 「고루 이극로 박사에 대한 회상」, 『얼음장 밑에서도 물은 흘러』, 한글학회,
1993, 145~146쪽 ; 박용규, 『북으로 간 한글운동가』, 차송, 2005, 114쪽.

32 최호연, 『조선어학회, 청진동 시절(상)』, 진명문화사, 1992, 34쪽.

33 리의도, 「건재 정인승 선생의 애국 운동」, 『나라사랑』 95, 외솔회, 1997, 111~116
쪽.

34 동인지 『한글』 1-6, 1927, 10쪽 ; 『한글』 1, 조선어학회, 1932, 229쪽 ; 『한글』 2, 조
선어학회, 1932, 241~242쪽 ; 『한글』 9, 조선어학회, 1933, 563~567쪽 ; 심초희,
「『한글』 소재 방언 연구」, 경남대학교 교육대학원 석사 논문, 2010, 3~6쪽.

35 『한글』 79, 조선어학회, 1940.

36 『한글』 79, 조선어학회, 1940, 391~392쪽 ; 심초희, 「『한글』 소재 방언 연구」, 경남
대학교 교육대학원 석사 논문, 2010, 19~23쪽.

37 〈조선어사전 출판인가〉,《동아일보》, 1940년 3월 13일 ; 한글학회 50돌기념사업회,
『한글학회 50년사』, 한글학회, 1971, 271~273쪽.

1 박광일, '인류 역사상 최악의 독감, 1918년 독감(스페인 독감)', 네이버블로그 '공간 역사연구소'. https://blog.naver.com/travel1411/221860529039

2 정해동, 「선친과 그 주변 사람들을 생각하며」, 『애산학보』 32, 애산학회, 2006, 171쪽.

3 백낙준, 「연세와 더불어 한평생」, 『진리와 자유의 기수들』, 연세대학교출판부, 1982, 252~253쪽.

4 정인승, 「내 나이 여든일곱에」, 『건대학보』 36, 건대학보사, 1983.

5 이준식, 「정태진의 한글운동론과 조선어학회 활동: 연희전문학교 학풍과의 관련을 중심으로」, 『동방학지』 173, 연세대학교 국학연구원, 2016, 78~82쪽 ; 이상규, 『민족의 말은 정신, 글은 생명』, 역락, 2014, 85~87쪽.

6 이계형, 「1920년대 함흥지역 학생운동의 전개와 성격」, 『한국근현대사연구』 20, 한국근현대사학회, 2002, 238~240쪽.

7 이응호, 「석인 정태진 선생의 삶과 정신」, 『나라사랑』 99, 외솔회, 1999, 24쪽.

8 허우긍, 『일제강점기의 철도 수송』, 서울대학교출판문화원, 2010, 42쪽.

9 손인수, 『한국근대교육사』, 연세대학교출판부, 1971, 112~114쪽 ; 이준식, 「정태진의 한글운동론과 조선어학회 활동: 연희전문학교 학풍과의 관련을 중심으로」, 『동방학지』 173, 연세대학교 국학연구원, 2016, 82~83쪽.

10 이계형, 「1920년대 함흥지역 학생운동의 전개와 성격」, 『한국근현대사연구』 20, 한국근현대사학회, 2002, 238~244쪽.

11 임옥인, 「스승 고 정태진 선생님」, 『석인 정태진 논설집』, 범우사, 2001, 211~218쪽 ; 이응호, 「정태진과 조선어학회 사건(2)」, 『석인 정태진 논설집』, 범우사, 2001, 241~276쪽 ; 이준식, 「정태진의 한글운동론과 조선어학회 활동: 연희전문학교 학풍과의 관련을 중심으로」, 『동방학지』 173, 연세대학교 국학연구원, 2016, 84~85쪽.

12 한국민족문화대백과사전. https://terms.naver.com/entry.nhn?docId=55192
7&cid=46623&categoryId=46623

13 손인수,『한국근대교육사』, 연세대학교출판부, 1971, 237~239쪽.

14 한글학회 편,『앉으나 서나 겨레 생각』, 한글학회, 1993, 44쪽.

15 한말연구학회 편,『건재 정인승 전집(6): 국어운동사』, 박이정, 1997, 13~14쪽.

16 김상필,「조선어학회 수난사건의 전모」,『나라사랑』42, 외솔회, 1982 ; 한말연구학
회 편,『건재 정인승 전집(6): 국어운동사』, 박이정, 1997.

17 허재영,『조선 교육령과 교육 정책 변화 자료』, 경진, 2011, 157~239쪽.

18 박성의,「일제하의 언어·문자정책」,『일제의 문화침략사』, 민중서관, 1970, 191~243쪽.

19 熊谷明泰, 賞罰表象を用いた朝鮮総督府の「国語常用」運動 －「罰札」,「国語常用家
庭」,「国語常用章」－, 関西大学視聴覚教室, 関西大学, 2010.

20 이준식,「정태진의 한글운동론과 조선어학회 활동: 연희전문학교 학풍과의 관련을
중심으로」,『동방학지』173, 연세대학교 국학연구원, 2016, 86~87쪽.

21 「조선어학회사건 예심종결결정문」, 1944년 9월 30일.

22 민주화운동기념사업회, 김근태 고문사건. https://iminju.tistory.com/876

23 정해동,「선친과 그 주변 사람들을 생각하며」,『애산학보』32, 애산학회, 2006.

24 한말연구학회 편,『건재 정인승 전집(6): 국어운동사』, 박이정, 1997, 2쪽 ; 이석린,
「조선어학회사건과 최현배 박사」,『나라사랑』1, 외솔회, 1971, 91~94쪽 ; 이희승,
『딸깍발이 선비의 일생』, 창작과비평사, 1996, 131~133쪽.

25 관계자들이 검거된 날짜와 인명은 자료에 따라 차이가 난다. 회고자들이 기억에 의
존한 탓도 있고, 양력과 음력을 구분 없이 기록한 탓도 있다. 한글학회,『얼음장 밑에
서도 물은 흘러』, 한글학회, 1993, 246~247쪽 ; 김석득,「조선어학회 수난사건: 언
어관을 통해서 본」,『애산학보』32, 애산학회, 2006, 29~30쪽.

26 최영희·김호일 편,『애산 이인』, 애산학회, 1989, 160~172쪽.

27 일석이희승전집간행위원회, 「조선어학회사건」, 『일석 이희승 전집 2』, 서울대학교 출판문화원, 2010 ; 한말연구학회 편, 『건재 정인승 전집(6): 국어운동사』, 박이정, 1997, 25~30쪽 ; 이극로, 『고투 40년』, 범우, 2008 ; 이석린, 「조선어학회사건과 최현배 박사」, 『나라사랑』 1, 외솔회, 1971 ; 김학현, 「나의 아버지 한결 김윤경」, 『조선어학회 선열 추모 문집』, 한글학회, 2016 ; 「조선어학회사건 예심종결결정문」, 1944년 9월 30일.

28 정긍식, 「조선어학회사건에 대한 법적 분석: 〈예심종결결정서〉의 분석」, 『애산학보』 32, 애산학회, 2006, 123~125쪽.

29 최현배, 「옥중 시」, 『나라사랑』 42, 외솔회, 1982, 103쪽.

30 한말연구학회 편, 『건재 정인승 전집(6): 국어운동사』, 박이정, 1997, 25~30쪽 ; 이희승, 『다시 태어나도 이 길을』, 선영사, 2001, 143~146쪽 ; 이석린, 「조선어학회사건과 최현배 박사」, 『나라사랑』 1, 외솔회, 1971, 113쪽.

31 정재환, 『한글의 시대를 열다』, 경인문화사, 2013, 405~406쪽 ; 차훈진·정우일, 「일제시대 사상통제제도에 관한 역사적 고찰」, 『경찰학논총』 5-2, 원광대학교 경찰학연구소, 2010, 332~334쪽.

32 조선어학회선열유족회, 『조선어학회 선열 추모 문집』, 한글학회, 2016, 187~188쪽 ; 한말연구학회 편, 『건재 정인승 전집(6): 국어운동사』, 박이정, 1997, 25~26쪽 ; 박용규, 『조선어학회 항일투쟁사』, 한글학회, 2012, 168쪽 ; 정긍식, 「조선어학회사건에 대한 법적 분석: 〈예심종결결정서〉의 분석」, 『애산학보』 32, 애산학회, 2006, 130~131쪽.

33 한말연구학회 편, 『건재 정인승 전집(6): 국어운동사』, 박이정, 1997, 62~64쪽 ; 최영희·김호일 편, 『애산 이인』, 애산학회, 1989, 184쪽 ; 정긍식, 「조선어학회사건에 대한 법적 분석: 〈예심종결결정서〉의 분석」, 『애산학보』 32, 애산학회, 2006, 105~106쪽.

34 정긍식, 「조선어학회사건에 대한 법적 분석: 〈예심종결결정서〉의 분석」, 『애산학보』32, 애산학회, 2006, 123~125쪽 ; 장신, 「1930년대 전반기 일제의 사상전향정책 연구」, 『역사와현실』37, 한국역사연구회, 2000, 346쪽 ; 이희승, 『다시 태어나도 이 길을』, 선영사, 2001, 154~155쪽 ; 최영희·김호일 편, 『애산 이인』, 애산학회, 1989, 186쪽 ; 한말연구학회 편, 『건재 정인승 전집(6): 국어운동사』, 박이정, 1997, 65~67쪽.

35 최현배, 「나의 걸어온 학문의 길」, 『사상계』, 사상계사, 1955년 6월호, 34쪽.

36 나주정씨월헌공파종회, 『석인 정태진전집(상)』, 서경출판사, 1995, 606~607쪽.

37 『한글』31, 조선어학회, 1936, 7~8쪽 ; 한글학회 50돌기념사업회, 『한글학회 50년사』, 한글학회, 1971, 263~264쪽. 취지서를 작성한 것은 발기인 중 한 명인 이은상이었다(『국어생활』3, 국어연구소, 1985, 11쪽).

38 이석린, 「〈한글〉지와 이윤재 선생: 기관지 〈한글〉지를 중심으로」, 『나라사랑』13, 외솔회, 1973, 57쪽.

39 이상규, 『민족의 말은 정신, 글은 생명』, 역락, 2014, 51쪽.

40 上田万年, 安田敏朗 校注, 『国語のため』, 平凡社, 2011, 363쪽 ; 이연숙, 『국어라는 사상』, 소명출판, 2006, 131쪽.

41 최현배, 『우리말 존중의 근본뜻』, 정음사, 1984, 68쪽.

42 김윤경, 「동우회 수난기」, 독립기념관 한국독립운동정보시스템 ; 최영희·김호일 편, 『애산 이인』, 애산학회, 1989, 177~180쪽 ; 한말연구학회 편, 『건재 정인승 전집(6): 국어운동사』, 박이정, 1997, 68~73쪽 ; 이희승, 『다시 태어나도 이 길을』, 선영사, 2001, 154~157쪽.

43 김삼웅, 『외솔 최현배 평전』, 채륜, 2018, 74~75쪽.

44 파냐 이사악꼬브나 샤브쉬나, 김명호 역, 『식민지 조선에서』, 한울, 1996, 103~104쪽 ; 오미일, 「총동원체제하 생활개선캠페인과 조선인의 일상 식민도시: 인천의 사

회적 공간성과 관련하여」, 『한국독립운동사연구』 39, 독립기념관 한국독립운동사 연구소, 2011, 253~258쪽.

45 崔由利, 『日帝 末期 植民地 支配政策硏究』, 국학자료원, 1997, 61~62쪽, 158 ~159쪽, 162쪽.

46 〈決戰半島の眞姿/內務省委員總督府幹部對談會(3)〉, 《京城日報》, 1943년 6월 17 일 ; 〈內鮮一體と國語常用〉, 《京城日報》, 1943년 8월 16일.

47 한말연구학회 편, 『건재 정인승 전집(6): 국어운동사』, 박이정, 1997, 68~73쪽 ; 이 성구, 「치안유지법 개악과정에 대한 일고찰」, 『서울대동양사학과논집』 7, 서울대학 교 동양사학과, 1983, 38~40쪽.

48 이희승, 『다시 태어나도 이 길을』, 선영사, 2001, 158~161쪽.

49 이근엽, 「이극로 선생과 조선어학회 수난(2)」, 『한글새소식』 463, 한글학회, 2011, 16쪽.

50 한말연구학회 편, 『건재 정인승 전집(6): 국어운동사』, 박이정, 1997, 76쪽 ; 이근엽, 「이극로 선생과 조선어학회 수난(3)」, 『한글새소식』 464, 한글학회, 2011, 7쪽.

51 〈동강난 철길 27년 남과 북을 오간 노기관사들의 회고와 기대 그날을 갈망하는 「자 유의 철마」〉, 《동아일보》, 1972년 7월 8일 ; 이순복, 「철원에서 내금강까지 레저열차 가 있었어요」, 『8·15의 기억』, 한길사, 2005, 244쪽.

52 민경배, 『한국기독교회사』, 대한기독교출판사, 1982, 451쪽 ; 이희승, 『다시 태어나 도 이 길을』, 선영사, 2001, 160~161쪽.

4장 │ 해방 이후, 한글의 시대를 열다

1 한국민족문화대백과사전. https://terms.naver.com/entry.nhn?docId=54864 2&cid=46626&categoryId=46626

2   정재환, 『한글의 시대를 열다』, 경인문화사, 2013, 21~35쪽.

3   『한글』 16, 조선어학회, 1934, 14쪽.

4   〈해방된 한글 빗내자! 자랑할 교본이 나왓다〉, 《자유신문》, 1945년 11월 21일.

5   정재환, 『한글의 시대를 열다』, 경인문화사, 2013, 117~138쪽.

6   정태진, 「재건도상의 우리 국어」, 『석인 정태진 논설집』, 범우사, 2001, 28쪽.

7   이응호, 『미 군정기의 한글운동사』, 성청사, 1974, 48쪽.

8   정재환, 『한글의 시대를 열다』, 경인문화사, 2013, 173~224쪽.

9   정재환, 『한글의 시대를 열다』, 경인문화사, 2013, 227~242쪽.

10 정재환, 『한글의 시대를 열다』, 경인문화사, 2013, 238~239쪽.

11 한말연구학회 편, 『건재 정인승 전집(6): 국어운동사』, 박이정, 1997, 133쪽.

12 정재환, 『한글의 시대를 열다』, 경인문화사, 2013, 117~169쪽.

13 〈한자폐지를 일반은 찬성〉, 《동아일보》, 1946년 1월 11일.

14 최현배, 『글자의 혁명』, 정음사, 1983(초판 1947), 7쪽.

15 정재환, 『한글의 시대를 열다』, 경인문화사, 2013, 291~315쪽.

16 정오덕, 「살맛나는 세상」, 『우리가 글을 몰랐지 인생을 몰랐나』, 남해의봄날, 2019.

17 〈玉에서 틔 골르기〉, 《조선일보》, 1937년 1월 1일.

18 정재환, 『한글의 시대를 열다』, 경인문화사, 2013, 47~114쪽.

19 리의도, 『한글학회, 110년의 역사』, 한글학회, 2019, 71쪽.

20 이응호, 「정태진과 조선어학회사건(2)」, 『석인 정태진 논설집』, 범우사, 2001, 269
    쪽 ; 나주정씨월헌공종파회, 『석인 정태진전집(하)』, 서경출판사, 1996, 7~8쪽 ; 정
    해동, 「선친과 그 주변 사람들을 생각하며」, 『애산학보』 32, 애산학회, 2006, 171쪽.

21 한글학회, 『한글학회 100년사』, 한글학회, 2009, 66~68쪽.

22 한말연구학회 편, 『건재 정인승 전집(6): 국어운동사』, 박이정, 1997, 136~137쪽.

23 〈조선어학회 일제에게 압수되었던 「우리말광」 원고 되찾음〉, 《매일신보》, 1945년 10

월 6일.

24 한말연구학회 편, 『건재 정인승 전집(6): 국어운동사』, 박이정, 1997, 136~137쪽 ; 이강로, 「〈큰사전〉 끝 권의 준을 마치며」, 『석인 정태진 논설집』, 범우사, 2001, 205 쪽.

25 〈자유로이 쓰도록, 한글간소화 않겠다〉, 《서울신문》, 1955년 9월 20일.

26 〈「큰사전」 출판 완성의 역사적 의의〉, 《경향신문》, 1957년 10월 3일.

27 정재환, 「이승만 정권 시기 한글간소화파동 연구」, 성균관대학교 대학원 사학과 석사 논문, 2007, 29~81쪽.

28 조선어학회·한글학회, 「이사회 회의록」(1948년 6월~ 1949년 9월)·(1951년 10월~ 1959년 1월).

나가며 │ 만약 우리에게 조선어학회가 없었다면

1 김상태, 「1920~1930년대 동우회, 흥업구락부 연구」, 『한국사론』 28, 서울대학교 국사학과, 1992, 249~259쪽.

2 정인승, 「고 가람 이병기 박사의 인간과 문학」, 『신동아』 53, 동아일보사, 1969.

감수 | 김슬옹

세종국어문화원 원장이자 한글문화연대 운영위원, 한글학회 연구위원. 연세대학교 국어국문과(학사, 석사)를 졸업하고 연세대학교에서 훈민정음 해례본 연구로, 상명대학교에서 훈민정음 역사 연구로, 동국대학교에서 국어교육학 연구로 각각 박사 학위를 받았다. 9회 대한민국 한류대상, 38회 외솔상, 35년간의 한글운동과 연구 공로로 2012년 문화체육부장관상을 받았고, EBS 한글 지킴이로 뽑힌 바 있다. 『한글혁명』 『한글교양』 등 85권(공저 30권)의 책과 우리말과 글에 관한 123편의 논문을 썼다.

나라말이 사라진 날

초판 1쇄 발행 2020년 9월 28일
초판 4쇄 발행 2024년 11월 29일

지은이 | 정재환

발행인 | 박재호
주간 | 김선경
편집팀 | 강혜진, 허지희
마케팅팀 | 김용범
총무팀 | 김명숙

감수 | 김슬옹
디자인 | 이석운
교정교열 | 오효순
종이 | 세종페이퍼
인쇄·제본 | 한영문화사

발행처 | 생각정원
출판신고 | 제25100-2011-000320호
주소 | 서울시 마포구 양화로 156(동교동) LG팰리스 814호
전화 | 02-334-7932 팩스 | 02-334-7933 전자우편 | 3347932@gmail.com

ⓒ 정재환 2020

ISBN 979-11-971267-2-7 (03910)

이 도서의 국립중앙도서관 출판예정도서목록(CIP)은 서지정보유통지원시스템 홈페이지(http://seoji.nl.go.kr)와 국가자료종합목록 구축시스템(http://kolis-net.nl.go.kr)에서 이용하실 수 있습니다.(CIP제어번호: CIP2020034743)